SEI NICHT SO HART
ZU DIR SELBST

마음을 회복하는 자기 돌봄의 심리학

당신은 가치 있다

안드레아스 크누프 지음   박병화 옮김

SEI NICHT SO HART
ZU DIR SELBST

프롤로그

때로 자신의 가치를
의심하는 당신에게

나 자신에게 불친절하게 대하는 것, 조금만 부족한 점을 발견하면 스스로를 비난하고 끊임없이 불평하는 일은 하루에도 몇 번씩, 자연스럽게 일어난다. 우리는 '내가 원하는 나'를 만들어 놓고, 그 모습이 되기 위해 많은 노력을 한다. 그 노력은 대체로 성공하지 못하고, 그래서 우리는 때로 스스로의 가치를 의심하게 된다.

각자 사람마다 누구나 자기에 대해 만족하지 못하는 점이 있다. 너무 예민하고 감정적이다, 뚱뚱한 편이다, 피부가 별로 안 좋다, 사회성이 부족하다, 결단력이 부족하다, 부정적이고 걱정이 많다, 등등. 주제는 각자 다르지만, 이 생각은 '현재의 내 모습은 변해야 한다'라는 결론으로 연결된다.

자신의 부족한 점에 대하여, '나'에게 책임을 돌리기는 쉽다. 우리는 해결책을 잘 알고 있다. 먹는 것을 줄이면 날씬해질 것이다. 더 열심히 일을 하면 더 큰 성공을 거두거나 더 많은 돈을 벌 수 있다. 그리고, 우리는 자신에 대한 비난을 멈춘다면 더 만족스럽게 살아갈 수 있다는 사실도 알고 있다. 하지만 변하기는 쉽지 않다. 그래서 우리는 운동을 시작하지 않는다. 금주하고 금연하고 음식을 절제하는 대신 과음하고, 계속 담배를 피울 핑계를 찾고, 맛집을 찾아다닌다. 따라서 지금의 불만스러운 모습 역시 변하지 않는다.

게다가 우리는 자신을 다른 사람과 비교하기를 좋아하며 남들이 우리 자신보다 더 나은 사람이라는 결론을 종종 내린다. 겉으로만 판단했을 때, 다른 사람은 나보다 더 나은 삶을 사는 것처럼 보이기 쉽다. 타인이 나보다 더 예쁘고 더 날씬하며 더 많은 성공을 거두고 더 행복하다고 생각하기는 아주 쉽다. 이렇게 자신을 다른 사람과 비교하는 습관에 빠지면 특히 자신이 아주 무가치하게 느껴진다.

이런 자기 비난이라는 형태의 스스로에게 가하는 테러를 전혀 의식하지 못하는 경우는 흔하다. 자기 비난이 습관이 되면, 우리는 자신이 매일 무엇을 하는지 더 이상 깨닫지 못

한다. 대신 지속적인 비난이 가져온 참담한 결과를 알게 된
다. 긴장, 무기력, 탈진, 번아웃, 신경과민, 혼란, 불안 등이
바로 그 결과다. 심지어 우리는 이런 결과에 "왜 내가 이렇게
불안하지? 그만 진정해!"라고 다시 자신에게 책임을 돌리기
도 한다.

자기 자신에게 이렇게 불친절하게 되는 전형적인 상황이
몇 가지 있다. 예를 들어 오늘 아침 주차한 차를 빼다가 가벼
운 사고가 났다고 가정해 보자. 순간의 방심으로 주차장의
벽과 살짝 부딪친 것이다. 처음에는 파손된 부분이 대수롭지
않게 보였지만, 수리 센터에서는 비용이 예상보다 훨씬 많이
들 것이며 보험 적용도 안 된다고 말한다.

이런 상황에서 당신은 어떤 태도를 보이는가? "누구에게
나 있을 수 있는 사고야. 그럴 수도 있지. 좀 더 조심할 수 있
었지만, 오늘 아침엔 서두르다 보니 이런 일이 발생했네." 아
니면 이렇게 말할 수도 있다. "어쩌면 또 이렇게 바보 같은 짓
을 저질렀지? 조심하지 못하고! 왜 운전을 이렇게 하지? 안
그래도 바빠 죽겠는데!"

자기 비난에 익숙한 사람이라면 대부분 두 번째 반응을
보임으로써 자기 비난 때문에 하루를 더 망치게 된다. 이런

정신적인 비난을 평생 달고 다니면서 스스로 일상을 오염시켜서는 안 된다. 이런 자기 테러는 연습으로 없앨 수 있다. 이 생각 연습의 중요한 도구와 방법을 나는 이 책에서 소개하고 싶다. 이 방법을 이 책에서는 '자기 돌봄Selbstmitgefühl'이라고 부르려고 한다. 자기 돌봄은 무엇보다 자신에게 살갑고 친절하게 대하는 것을 의미한다. 다른 측면에서는 살아가면서 불가피하게 일어나는 안 좋은 경험에 대비해 스스로를 보호하는 태도가 되어줄 것이다.

우리는 "돈 워리 비 해피Don't worry, be happy!(걱정 말아요, 행복하게 지내자고요!)"와 "해버 나이스데이Have a nice day!(즐거운 하루 보내세요!)" 시대에 살고 있기에, 굳이 자기 돌봄을 하지 않아도 된다고 생각할 수 있다. 위의 슬로건들에 따르면 우리는 늘 기분이 좋아야 하고 하루하루는 즐거운 날이 되어야 하며, 행복해야 하고, 아침부터 저녁까지 최고의 기분을 유지해야 한다.

하지만 자기 돌봄은 자신의 고통을 피하지 않고 삶의 어두운 면까지 포용한다. 여기서 어둠은 생활에서 발생하는 내면의 고통을 말한다. 사랑하는 사람의 죽음이나 병, 갑작스러운 실직 등 우리가 힘든 상황에 처했을 때, 그 상황에 잘

적응하는 태도가 필요하다. 우리의 일상에 남을 크고 작은 손실, 이별, 실망 등에도 적응해야 한다.

가족이 모처럼 주말 나들이를 갔는데, 아이가 징징거리면 부모 역시 스트레스를 받고 짜증이 나며 손꼽아 기다렸던 휴일이 엉망이 될 수 있다. 사실 삶은 매일 우리에게 걱정과 실망을 안겨주지만, 일단 그것을 옆으로 치우는 방법을 알면 잘 지나갈 수 있다. 자기 돌봄은 우리가 느끼는 감정에 대하여 개방적인 태도를 보이고 그것을 조심스럽게 대하는 것을 의미하기도 한다. 어떤 점에서 자기 돌봄은 늘 행복하고 기분이 좋아야 한다는 압박감을 극복하는 방법으로, 돈 워리 비 해피 문화에 대한 대응이라고 볼 수도 있다.

자기 돌봄을 할 수 있는 사람은 우울증과 불안장애를 더 쉽게 예방할 수 있다. 우리가 자기 돌봄을 하며 스스로를 바라볼 수 있다면, 삶의 장애물을 잘 다루고 실패를 해도 이겨낼 수 있다. 자기 돌봄은, 기쁘고 만족스러운 삶을 누릴 수 있는지를 가늠하는 핵심적인 능력이다. 자기 자신에 맞서 싸우고 스스로를 비난하며 무가치하게 여기는 사람은 고통을 계속해서 자처하는 것과 같다. 이와 반대로 자신을 있는 그대로 인정하고 살갑게 대하는 사람은 삶이 연달아 어려움을 줘도, 훨씬 더 잘 헤쳐 나간다.

자기 돌봄은 또한 변화를 만드는 핵심 요소다. 체중을 줄이고 싶은 마음이 간절한 사람, 금연이나 금주를 하려는 사람, 시험 준비를 위해 열심히 공부해야 하는 사람은 보통 목표를 이루기 위해 마음을 가다듬고, 자신에게 엄격하게 대한다.

다이어트를 하다가 스스로 정한 법칙을 한 번 어겼을 때, 우리는 보통 잠깐 자책하고, 다음 다이어트를 시작할 계획을 세운다. 다음에는 더 잘할 수 있을 거라는 희망을 품는다. 하지만 이런 생각은 중대한 착각이다. 의지가 약하다고 스스로를 비난하는 사람은 자신의 약점을 극복하기가 더 어렵기 때문이다. 변하고 싶다면, 자신에게 호의적이고 너그러워야 한다. 그럴 때, 힘든 일을 더 쉽게 해낼 수 있다.

사람은 대부분 자기 돌봄보다는 자존심을 지키는 것을 더 중요하게 생각한다. 심리학 분야에서는 지난 수십 년간 사람의 자존심을 강화하는 것이 중요하다는 점을 강조해 왔다. 인간은 마땅히 자신의 가치를 인식해야 하고, 자신이 무엇에 자부심을 느낄 수 있는지, 특히 어느 분야에서 남들보다 잘하고 뛰어난지를 알아야 한다고 심리학은 주장해 왔다. 이에 따르면, 재산과 사회적 지위는 자존심을 높여 주고 인격을 강화한다.

심리학 분야에서 자존심에 대하여 비판적인 의문(중요하지 않다던가)을 제기하는 사람은 비주류, 비과학적인 사람으로 간주되었다. 만족스러운 삶을 위해 자존심이 얼마나 중요한가에 대한 증거는 압도적인 위력을 지니고 있다. 하지만 이런 관념은 최근에 깨지기 시작했고, 전체적으로 완전히 무너지기에 이르렀다.

오늘날 심리학자들은 강한 자존심이 정당한 비판을 받아들이는 능력과 결부되며, 오로지 자존심만 중요하게 생각하는 특징을 가진 사람은 곧 자기 행복에만 관심을 두는 나르시시스트가 될 수 있다는 것을 밝혀냈다.

자존심은 '쾌청한 날씨의 감정'에 지나지 않는다. 기분이 좋거나 일이 잘 풀리거나 성공을 거둘 때, 또는 다양한 능력을 발휘할 때, 사람은 자존심을 드러낼 수 있다. 하지만 만사가 더 이상 순조롭지 않을 때, 우리는 터무니없이 비싼 대가를 치른다. 이때는 갑자기 자신이 무가치하게 느껴지는데, 자존심이 성공과 우월에 좌우되기 때문이다.

평생 강한 자존심을 보이던 사람이 실직자나 연금 생활자가 되면, 혹은 얼굴에 주름이 늘어나거나, 병이 나서 더 이상

많은 일을 할 수 없게 되면 극심한 자존심 상실로 고통을 받는다. 어쩌면 우울증에 걸리거나 불행해 질지도 모른다. 현재 심리학자들의 의견을 종합해 볼 때, 강한 자존심을 유지하는 것은 전혀 바람직하지 않으며 자신에 대한 돌봄을 꾸준히 하는 것이 훨씬 의미 있고, 건강에도 더 좋다.

물론 자기 돌봄이 삶에서 매우 중요한 요소이기는 하지만, 이런 습관을 기르는 것이 많은 사람에게는 힘든 일이다. 나 역시 마찬가지다. 내가 간절히 바라는 것 중의 하나는 나 자신이나 다른 사람을 좀 더 따뜻한 태도로 대했으면 하는 것이다. 나는 마음에서 우러나는 사랑과 좀 더 강하게 밀착되고 싶다.

또 나는 내 자신의 감정을 외면하지 않고 더 살갑게 그 감정을 대할 수 있으면 좋겠다. 나는 완벽한 자기 돌봄을 완성한 사람이라서 이 책을 쓰는 것이 아니다. 나는 나와 타인을 대할 때, 친절하고 수용적인 태도를 갖추기 위해 매일 애를 쓰고 있다. 이런 노력이 성공할 때도 많지만 실패할 때도 있다. 따라서 나는 자기 돌봄을 연습하는 것이, 그리고 이 책에서 제시하는 방법으로 생각의 방향을 전환하는 것이 얼마나 힘든 일인지 잘 알고 있다.

이 책은 자기 돌봄을 배우는 동시에 혼자서도 훈련할 수 있도록 구성했다. 이 책에서 제안하는 연습을 하지 않고 단순히 이 책을 읽기만 해도 당신은 자기 돌봄의 개념을 알고, 어떻게 이용할지 알 수 있을 것이다.

이 책을 읽으며 본격적인 자기 돌봄 훈련을 해 볼 마음이 있다면, 당신의 결정에 따라 내가 제안하는 훈련을 직접 시도해 볼 수도 있다. 훈련 하나하나를 최선을 다해 시도할 수도 있고, 이번 훈련은 건너뛰자는 생각이 들면 계속 다음 장을 읽어 나가면 된다.

책을 읽다 보면 자주 **,** 와 같은 멈춤 신호를 만날 것이다. 이 신호는 잠시 쉬면서 때로는 책을 옆으로 치우고 내용을 마음에 새기라는 의미로 사용하려고 한다. 이 멈춤 신호는 짧은 집중 훈련에 도움이 될 것이다. 예를 들어 멈춤 신호가 나타나면, 읽기를 멈추고 두세 차례 심호흡하면서 내용을 마음에 새기는 것이다.

,

훈련하면서 이 책을 읽어간다면, 일상에 점진적인 변화가 나타나는 것을 확인하게 될 것이다. 중요한 점은 특정 훈련을 해야 한다는 압박감을 느끼지 않는 것이다. 나 역시 연습 부분이 있는 자기계발서를 읽으면서 어떤 훈련을 건너뛸 때 양심의 가책을 받은 적이 많다. 이런 압박감의 결과는 당연히 자기 돌봄의 반대, 자기 비난이 되기 쉽다는 점을 명심하자.

지금부터 '자기 돌봄' 여행이 시작된다. 당신이 이 여행에 함께하게 되어 기쁘다.

안드레아스 크누프

차례

프롤로그
때로 자신의 가치를 의심하는 당신에게 _004

---

06. 고통을 견뎌내는 법

07. 친절한 태도로 나와 마주하는 법

제1부

세상에 무가치한
사람은 없다

SEI NICHT
SO HART
ZU DIR SELBST

Chapter 01.

자신을 대하는
태도에 관하어

나를 대하는 방식
돌아보기

지극히 정상적인 삶에서 지극히 정상적인 바보짓은 하루에도 수백 번씩 일어난다. 이런 바보짓은 다음과 같이 우리가 자신을 대하는 방식으로 알 수 있다.

자신에게 친절한가, 비판적인가? 우리가 가진 것을, 우리가 살아가는 형태를 즐길 수 있는가, 없는가? 모든 것을 끊임없이 개선해야 하는가, 아니면 지속적으로 삶에 만족하고 있는가? 삶의 시련에 맞설 수 있는가, 없는가?

알코올이나 무의미한 영상 시청, 그 밖의 일탈로 자신의 감정을 마주 보는 시간을 회피하지는 않는가? 행위와 무위의 균형을 적절히 유지하는가? 혹시 계속 최고의 능률을 유지하기 위해 각종 약물과 도파민에 의존하다가 결국 번아웃을 맞이한 적이 있는가?

사실, 겉에서 보기에는 사치스러울 정도로 안락한 생활을 하고 있으면서도 내면적으로는 만족스러운 삶을 누리지 못하는 사람이 많다. 그들의 내면은 초조하고, 공허함을 느낄 것이다.

자신에게 냉혹하거나 불만족스러운 삶을 산다고 해서 정신적으로 문제가 있는 것은 아니다. 굳이 이름을 붙이자면, 이런 자기 불친절은 특별한 문제가 아니라 오늘날 사회를 살아가는 현대인의 집단 현상에 가깝다.

내면 성찰을 위한 세 가지 질문

실제로 우리가 자신을 어떻게 대하는지는 아주 간단하게 알수 있다. 잠시 하던 일을 멈추고 내면의 감정이나 자기 자신과 마주치는 방식을 인지하기만 하면 된다.

• 당신은 자신의 특징을 있는 그대로 받아들일 수 있는가, 아니면 그것이 부끄러운가?

- 당신은 열등감을 느끼거나 자긍심을 잃지 않고도 자신의 약점과 잘못을 인정할 수 있는가?
- 당신은 모든 감정을 그대로 수용할 수 있는가? 불쾌하거나 고통스러운 순간까지도?

위의 세 가지 질문에 대해 충분히 생각한 다음 '그렇다'라고 흔쾌히 대답할 수 있다면, 당신은 이 책을 보지 않아도 괜찮은 사람이다. 당신은 자신의 내면과 잘 연결되어 있고, '자기 돌봄'을 잘 수행하고 있을 가능성이 아주 높다. 하지만 이런 사람은 극소수에 속한다. 대부분의 사람은 자신을 있는 그대로, 사랑스럽게 받아들이지 못하기 때문이다.

다시 한번 생각해 보자. 당신의 내면에는 다른 목소리가 존재할 것이다. 종종 지금의 자신에 만족하지 못하고, 특히 어떤 부분에서는 분명히 자신을 바꿔야 한다고 생각한 적이 있는가? 우리 대부분은 인생의 거의 모든 순간에 자신을 그대로 받아들이지 못하고, 조금 달라지기를 원한다.

때로는 나 자신이 아니라 우리 주변 사람들의 태도, 흐린 날씨, 교통체증, 직장 동료 등 일상의 사소한 문제에도 내 탓을 할 수 있다. 또 어떻게 살고 어떻게 일하며 어떻게 여가를

보낼 것인가와 같은 주요 환경과 관계된 중요한 주제에도 내
탓을 할 수 있다.

혹시 당신은 자주 긴장하거나 불안하고, 일상에서 자주
압박감을 느낄 만큼 스트레스를 받고 있지는 않은가?

끊임없는
비난의 목소리

당신이 내면의 부정적인 목소리를 인식한다면, 내면의 비평가 클럽에서 대환영을 받을 것이다. 전 세계적으로 수많은 회원을 보유한 이 클럽에는, 자신을 지나치게 비판적이고 불친절하게 대하며 까다롭게 달달 볶는 이들로 가득하다. 자신을 친절하고 사랑스럽고 너그럽게 대하는 습관이 있는 사람은 회원이 될 수 없다.

이 클럽에 가입할 자격이 되는지는 확실하게 믿을 수 있는 몇 가지 간단한 테스트로 확인할 수 있다. 예를 들면, 이미 언급한 대로, 가벼운 사고를 저지르는 상황을 떠올려 볼 수 있다. 당신이 가벼운 사고를 쳤을 때, 당신은 자신에게 친절한가, 아니면 자신을 비난하는가?

또 하나의 전형적인 상황은 시험이나 면접을 치른 다음, 자신을 평가하는 마음의 소리에 귀를 기울이면 분명하게 알 수 있다. '최선을 다했으니 좋은 결과가 나올 거야. 시험 결과가 발표될 때까지 기다려 보고, 너무 초조해하지는 말자.' 아니면 다음과 같은 목소리를 들을 수도 있다. '아, 아무래도 시험을 망친 게 분명해. 왜 그 문제를 예상하지 못했지? 아무래도 좋은 점수 받기는 틀렸어. 아, 바보같이 난 왜 이럴까?'

이 중에 당신에게 익숙한 목소리는 어느 쪽인가?

나 역시 이렇게 아주 정상적인 바보짓을 한다. '비평가'의 목소리에 자주 시달리며 이 책을 쓰는 동안에도 자주 그런 목소리를 듣고 있다! 정신이 맑고 모든 것이 잘될 것이라 확신하는 어느 아침에는 다정한 목소리가 들린다. "책을 쓰는 일 때문에 너무 걱정하지 마. 지금처럼 꾸준히 집중해서 쓰면 가을에는 마칠 수 있을 거야. 전에도 책은 여러 권 써봤으니 어떻게 하는지 잘 알잖아. 스트레스받을 필요 없어. 그냥 계속 집중하면 돼." 말했다시피 이것은 정신이 온전할 때다.

그러다가 어느 때는 다른 목소리가 들렸다. "그냥 포기하고 외면하자. 잊어버려, 어차피 할 수 없을 테니까. 시간이 이렇게 지났는데, 아직 얼마 쓰지도 못했잖아. 3개월 뒤쯤 출판사에서 연락이 오면 그냥 계약을 해지하자고 말하자. 결국 포기할 수밖에 없을 거야. 자기 돌봄이 너무 어렵잖아. 나도 잘 못하는 것을 주제로 어떻게 책을 쓴다는 거야."

비평가는 어느 특정 대상이 아니라 사람의 인격이나 가치, 살면서 겪은 경험과 관계된 온갖 주제를 놓고 불평한다. 어느 때는 거울을 보며 자신의 외모를 불평하고, 또 어느 때는 적극성이 부족하다든가 친구가 없다든가 친구를 배려하지 않는다며 성격에 대해 목소리를 높인다. 또한 노력이 부족하다든가 특정한 상대를 대할 때 처신을 똑바로 하지 못한다고 불평하기도 한다.

아마 당신을 비판하는 사람들이 제기하는 문제점을 스스로 열거할 때도 있을 것이다. 연말의 인사 평가에서, 친구들 사이에서, 가족들로부터 어릴 때부터 자주 들어온, 외부로부터 지적받는 문제를 가만히 떠올려 보자. 필요하다면 적어 보는 것도 추천한다. 이 목소리는, 어디에서 와서 당신의 내면에 탑재되었을까?

,

그나마 안심이 되는 것은 '내면의 비평가'라는 존재를 우리 모두가 누구나 안다는 점이다. 나만 내면에 그런 비평가를 가진 것이 아니므로 크게 걱정할 필요는 없다. 하지만 우리 모두가 그 존재를 안다고 해도 비평가의 특성과 목소리의 크기는 사람마다 다를 수 있다는 점에 주목해야 한다.

특히 우리가 아이나 청소년일 때, 자주 외부의 비난과 부딪치는 상황을 겪었다면, 그 사람의 비평가는 특별히 아주 적극적이며 다채로운 불만을 쏟아낸다. 비극적이게도 끊임없이 자녀의 어떤 점을 비난하는 부모 밑에서 자란 사람이라면, 성인이 되어서도 높은 확률로 유난히 극성맞은 비평가가 내면에 도사리게 되는 것이다. 이런 사람에게 친구나 형제, 교사가 한 말은 반드시 흔적을 남기게 된다. 청소년기에 여드름 때문에 놀림을 심하게 받은 사람이 20년이 지난 후에도 "난 피부가 좋지 않아, 그래서 예쁜 편이 아니야"라고 여전히 중얼거리게 되는 것이다.

우리들 마음속에서 귀찮게 비난하는 목소리는 성장기에는 물론 스물, 서른, 마흔이 되고 쉰이 넘어서까지 계속 귓가에 들리는, 듣기 싫은 라디오 프로그램과 다를 바가 없다. 사실 논리적으로 당연히 우리는 이런 부정적인 목소리에 화를 내고 그 프로그램을 꺼 버릴 방법을 고민해야 한다. 하지만 대부분의 사람은 그와 정반대로, 그 프로그램이 잘못된 줄 모른다. 특히 같은 말을 오래 들을수록 그 내용이 정상적으로 들리게 된다.

이 지속적인 비판의 목소리가 삶을 편하게 해주기는커녕 만사를 힘들게만 하는데도 불구하고, 이 목소리와 자신을 동일시한다. 그 목소리가 말도 안 되는 소리를 하고 있는데도, 그 목소리를 진실로 여기고 믿게 된다. 이상한 뉴스를 보고 처음에는 경악하지만, 계속 동일한 내용을 방송에서 다룬다면 그 내용이 옳다고 믿게 되는 것과 같은 이치다. 그러면 결국 "그 말이 정말 맞아?"라는 의문을 가지는 대신, 내면적으로 그 목소리에 완전히 동화된다. 전문용어로 그런 목소리와 '융합'이 되는 것이다.

그 목소리가 "너는 못할 것이 분명해"라고 말하면, 내면은 '잠깐, 할 수 있는지 먼저 확인해 보고 다시 판단하는 게 좋겠어'라고 반응해야 한다. 그러나 부정적인 목소리에 동화된 내면은 쉽게 '그래, 맞아. 나는 못해'라고 반응한다. 그래서 결국 파괴적인 결과를 불러오는 일을 반복하면서도, 부정적인 비평가의 생각이 옳고 타당하다고 느끼는 것이다.

우리가 자신을 불친절하게 대하는 태도는 뭔가 실패를 하는 상황에서 가장 쉽게 알 수 있다. 이때 평가절하의 목소리를 거르는 프로세스는 잘 작동하지 않는다. '그런 바보 같은 짓을 저지르다니', '그 일은 반드시 성사시켰어야 했는데', '나는 정말 뭔가 잘못된 거 같아!'라고 생각한다.

실수를 하거나 뭔가에 좌절할 때, 내면의 비평가의 부정적인 목소리를 들어봤자, 자신을 괴롭힐 뿐이라는 것을 우리는 잘 알고 있다. 그러나 유감스럽게도 이 라디오는 아침 일찍부터 밤늦게까지 계속 틀어져 있다. 특히 뭔가를 실패한 상황에서 아주 심하게 뒤틀린 목소리가 나오는 이 프로그램이 마음 한구석에서 멈추지 않는 경험을 누구나 해 봤을 것이다. 그리고 "다른 방법을 찾아야 해. 이대로는 안 돼. 너를 개선해야 해!"라고 속삭이게 된다.

명령하는
강박의 목소리

마음속의 목소리는 우리 자신에게 불평만 하는 것이 아니라 어떻게 변화해야 하는지에 대해서도 다소 분명하게 명령한다. 이 메시지는 흔히 "너는 무조건 ○○해야 해"라는 말로 시작된다. 놀랍게도 "해야 해"라는 독재의 메시지는 대부분 우리 자신의 욕구와는 아무 관계가 없다. 그 내용은 예전에 부모님에게서 들은 권고, 주변에서 받은 문화적인 영향, 자주 만나는 친구들의 인생관 같은 것들이다.

마음속의 비판적 정신은 우리 자신에게 불평만 하는 것이 아니라 우리 자신을 가혹하게 단련하고 싶어 한다. 우리는 독재자의 목소리를 들었을 때, 자신을 변화시켜야 한다는 압박에 시달리게 된다. 지금 이대로는 안 된다고 생각하기 때문이다. 비판적인 목소리는 "내가 말한 대로 너 자신을 힘들게 단련하고 변화시키면 만사가 나아질 거야. 그런 다음에는 편안함이 찾아올 거야. 내 말대로 하면 너는 곧 행복해지고 마음의 평화를 얻을 거야"라고 우리에게 약속한다.

독재자의 목소리가 요구하는 목록을 뽑아보면, 그 목록이 아주 길다는 것을 알 수 있다. 어느 의뢰인이 작성한 독재자의 메시지는 다음과 같다.

- 나는 다시 조깅을 시작해야 한다.
- 나는 친구들에게 관심을 더 가져야 한다.
- 나는 말을 더 많이, 재미있게 해야 한다.
- 나는 원칙적으로 육식을 해서는 안 되며, 불가피할 경우 친환경 고기만을 섭취해야 한다.
- 나는 다른 사람들에게 더 친절해야 한다.
- 나는 이웃과 접촉을 늘려야 한다.
- 나는 스마트폰을 오래 들여다보면 안 된다.
- 나는 부모님을 좀 더 자주 찾아뵈어야 한다.
- 나는 아이들과 보내는 시간을 늘려야 한다.
- 나는 쉽게 화를 내서는 안 된다.

"해야 해"라는 독재는 두 가지 직접적인 결과를 낳는다. 하나는 종종 이 요구를 충족할 수 없어서, 자신을 무가치하게 느끼고 양심의 가책을 받으며 그로 인해 자신을 비난하는 결과다. 또 하나는 이 요구를 따르려고 함으로써 원래의 본성에 어울리는 삶 대신, 이상만을 좇게 되는 결과다.

우리 마음속에서 이렇게 압박을 주는 독재자의 목소리는 우리를 달달 볶으며, 열심히 자신을 단련하면 평안을 주겠다고 약속하지만, 이 약속이 제대로 지켜지는 경우는 없다. 평생 이 주제를 연구한 나 역시 이 독재자가 "너는 충분히 변화해서 아주 잘하고 있다. 더 이상 변화할 필요는 없으니 나(독재자)는 이만 너와 작별하고 앞으로는 네 여생에 간섭하지 않을게"라고 말하는 목소리를 들었다는 사람을 본 적이 없다.

나에게만
불친절한 목소리

우리는 안타깝게도 자신에게 비판적인 생각을 자주 할 뿐만 아니라 그 생각을 행동으로 옮기기까지 한다. 자신에게 불친절하고, 자신이 일을 잘못 처리한 것을 보면 자신을 질책하며 자신의 욕구를 무시한다. 내면의 비판적인 목소리는 평가에서 그치지 않고, 우리가 스스로 자신을 해치도록 만든다. 그 결과 우리가 어떻게 되는지에 대해서 이 목소리는 전혀 관심이 없다.

자신에게 불친절하게 대한다는 것은 여러 가지 의미로 해석할 수 있다. 이 평화주의자의 목소리를 들으면, 자신의 욕구를 무시하고 자신에게 전혀 어울리지 않는 행동을 하게 되며, 장기적으로는 자신의 한계를 넘거나 심할 때는 몸을 해치게 되기까지 한다.

동네 이웃의 시선을 의식해서 주말 내내 무리해 정원 일을 한 사람은 주말이 지나면 허리가 아파 병원에 가야 한다. 내 의뢰인 중 한 사람은 일이 너무 바빠서 시간을 아끼려고 하루 종일 아무것도 먹거나 마시지 않을 때도 있다고 한다. 이 사람은 지나치게 일과 성과에 욕심을 내고, 결국 그 때문에 끊임없이 스트레스를 받으며 건강을 잃고, 정신적으로는 늘 뭔가에 쫓기듯 산다.

내가 아는 사람 중에는 자주 부모 집을 방문해 며칠이나 함께 지내는 사람이 있다. 사실 부모와 지내는 것은 그 사람에게 아주 불편한 일이었고, 하루이틀 지나면 거의 반드시 의견 다툼이 일어나 결국 부모에게서 심한 막말을 듣고 부모 집을 나서게 된다는 것을 잘 알면서도 그는 불특정 다수의 사람에게 잘 보이기 위해 부모의 집에 자주 찾아갔다. 최근에 나는 어느 부부가 휴가를 갈 여유가 있다는 것을 이웃에게 보여주기 위해 한여름에 2주 동안이나 지하실에서 숨어 지냈다는 뉴스를 봤다.

이 '평화주의자'의 목소리에 귀를 기울이는 사람들은 명백한 자기 파괴적인 행동도 서슴지 않는다. 오로지 남에게 보여주기 위해서 위험을 자초하는 것이야말로 자신에게 지극히 불친절한 방식이다. 몸이 상할 정도로 지나친 운동을 하는 것도 마찬가지다.

불 친 절 의 신 체 화 증 상

자신을 대하는 방식이 호의적인지, 가혹한지 아닌지는 몇몇 일상적인 상황을 보면 쉽게 알 수 있다. 당신은 감기나 미열 등의 일시적인 질병에 어떻게 대처하는가? 이 경우 사실 휴식을 취하며 일은 최소한으로 하면서 주위의 도움을 받고, 의사를 찾아가 치료하는 것이 현명한 판단임이 분명하다. 이 때 병을 무시하면서 하던 대로 계속 일을 하고, 기껏해야 있는 약이나 먹는 것이 자신을 해치는 행위라는 것도 분명하다.

병이 났을 때, 당신은 자신을 어떻게 대하는가? 휴식을 취하고 자신을 돌보는가? 아니면 아무렇지도 않은 것처럼 행동하는가? 당신이 잘못된 의무감을 가지고, 평화주의자의 목소리대로 아픈 몸을 이끌고 일하러 가는 경우는 얼마나 되는가?

기 분 이 행 동 이 될 때

∴ ∴ ∴

무엇보다 기분이 좋지 않을 때, 우리가 자신에게 친절하고 너그럽게 호의적으로 대하는 것이 중요하다는 것은 더 말할 나위가 없다. 하지만 대부분은 이와 반대로 행동한다. 우리는 만사가 힘들수록 자신에게 불친절하고 거칠게 대한다. 한 의뢰인의 이런 말이 대표적이다. "저는 기분이 좋을 때는 하고 싶은 일을 해요. 하루 두 번, 규칙적으로 산책을 하거나 책을 읽고 취미생활을 하고, 친구를 만나죠. 기분이 우울할 때는, 후회할 것을 알면서도 집에 처박혀서 동영상을 틀고, 아이스크림을 퍼먹어요."

또 어떤 여자 의뢰인은 기분이 안 좋은 날은 공포물을 연속적으로 보거나 듣는다고 했다. 그러면 악몽을 꾸고 다음 날 계속 기분이 안 좋으리라는 것을 알면서도 이 사람은 아주 오랫동안 이 안 좋은 습관을 떨쳐 버리지 못했다. 우리 마음속의 비판적인 목소리는 우울한 상황에서도 모습을 계속 드러낸다.

우리는 자신의 욕구에 어긋나는 행동을 할 때가 많다. 이미 배가 부르지만, 기분 전환을 위해 티라미수를 또 주문하는 사람은 주문하는 바로 그 순간에 밤에 잘 때 배가 아프리라는 예감을 할지도 모른다. 주중에 내내 사람들에게 시달린나머지 주말에는 조용히 스트레스 없이 주말을 보내야 할 사람이 지난 초대에 대한 보답으로 토요일에 이웃을 그릴 파티에 초대하는 생각을 한다면, 저절로 의문이 생길 것이다. "내가 무슨 생각을 하는 거지? 쉬는 주말을 손꼽아 기다렸는데. 그런데 단지 보답을 위해 주방에서 오후 반나절을 준비하고밤늦도록 다른 사람들과 어울릴 생각을 했어."

어쩌면 당신 자신에게 불친절하게 대한 기억이 지금쯤 저절로 떠오를지도 모른다. 당신은 자신이 좋아하지 않거나 심지어 스스로에게 해가 되는 일을 한 적이 있는가? 곰곰이 생각하고 찾아내 보자. 혹시 최근 일주일 동안 그런 일은 없었는가? 또는 오래전부터 계속 반복되는 전형적인 예는 없을까?

우리의 삶은 왜 이토록
고단해졌을까

마음속에서 짜증을 내는 상습적인 목소리에게 하루에도 수도 없이 "해야 해"라는 말을 들으며 시달리고, 동시에 계속 불친절한 대접을 받는 사람의 기분이 안 좋은 것은 어쩔 수가 없다.

당신의 배우자나 다른 가족, 회사의 대표나 직장 상사가 아침부터 저녁까지 당신에게 불평을 해댄다고 상상해 보라. 기분이 좋을 수가 없을 것이다. 특히 상대의 말이 옳고 그의 말이 어떤 식으로든 맞는 것 같을 때는 더 그렇다. 이런 상황에서 우리는 기분이 상하고 자신을 무가치하다고 느끼며, 우울해질 수도 있다.

우리가 기분이 나쁠 때는 대개 외부에서 원인을 찾으려고 한다. 주로 배우자나 자녀, 외국인, 나쁜 날씨, 아니면 전반적인 경제 상황에 책임을 전가한다. 혹은 엄청난 스트레스를 받으며 그 상황에서 빠져나올 궁리를 한다. 우리가 자신의 실수나 약점, 신경질적인 성격을 극복하는 과정에서, 내면의 부정적인 목소리가 잠잠해지리라는 기대를 해볼 수는 있다. 하지만 이런 일은 쉽게 일어나지 않기 때문에 우리는 평생을 마라톤 주자처럼 꾸준하게 연습해야 한다.

번아웃을 부르는 노력

· · · ·

"매일 조금씩 개선하자." 이 구호는 몇 년 전, 식품 체인 업체인 레베REWE에서 내건 구호다. 바로 이 말처럼, 우리는 내면의 불평하는 목소리에 따라 우리 자신을 대해 왔다. 매일 일에 매달린 다음에도, 스스로 만족할 때까지 계속 자기 개선을 시도하고 있다. 만일 위의 식품업체에서 일하는 사람들이 실제로 매일 무언가를 조금씩 개선하려고 한다면, 그들은 언젠가는 지쳐서 쓰러지고, 다시는 일을 못 할 것이다.

매일 자신의 능력을 증진한다는 것은 비인간적이며 그런

상태를 계속 견딜 사람은 아무도 없다. 하지만 우리들 중에는 이렇게 하다가 결국 번아웃을 맞이하는 사람이 아주 많다. 우리는 집단 현상처럼 번아웃이 일상인 사회에 살고 있다. 번아웃에 걸리는 사람은 갈수록 늘어난다.

만일 사회의 시스템이 그렇게 악랄하지 않다면 그리고 직장이 사실 마음이 편할 수도 있는 곳이라면, 번아웃을 이겨낼 수도 있다. '편할 수도 있는 곳이라면'이라는 가정적인 표현을 하는 까닭은 번아웃 유발자가 우리의 마음속에 도사리고 있고, 이미 오래전에 삶의 전 분야를 지배했기 때문이다.

반가운 소식을 하나 전하자면, 우리는 마음속의 목소리와 거리를 둘 수 있다는 것이다. 앞으로의 삶을 그 목소리에게 맡길 필요가 없다. 실제로 이 귀찮은 존재는 몇 차례 반복되다 마는 생각에 불과할 수도 있다. 그러니 더 이상 속을 필요가 없다.

Chapter 02.

왜 지금
자기 돌봄인가?

고통 없는 삶은
어디에도 없다

이 책을 여기까지 읽었는데 더 읽고 싶은 마음이 든다면 아마 당신이 살면서 약간이라도 고통스러운 경험을 해 보았기 때문일 것이다. 혹시 운명적인 시련을 겪고 있거나 뭔가 마음대로 되지 않는 뜻밖의 일이 일어났는가? 갑자기 실업자가 되었거나 내 잘못이 아닌데 가정에 문제가 생겼거나 병이 든 것은 아닌가?

사람은 누구나 살면서 고통과 절망을 맛본다. 굶주림에 시달리는 사람, 돈이 없는 사람, 의사가 필요한 사람, 전쟁 지역에서 사는 사람, 어린 자녀를 잃은 사람은 분명한 뜻밖의 고통에 시달린다. 장애인, 정신질환자, 아침부터 저녁까지 고질적인 통증에 시달리는 신체 질환자도 있다.

심각한 병이 없는 사람도 고통스러운 경험과 마주칠 수 있다. 일찍 부모를 잃거나 간절히 원하지만 자녀를 갖지 못하는 사람, 원치 않는 독신생활, 달콤한 미래를 설계한 부부관계의 파탄, 가까운 사람과의 불화 같은 상황은 누구에게나 생길 수 있다. 사람은 살다 보면, 누구나 언젠가는 이런 고통스러운 경험을 하게 된다.

병이나 신체적 결함, 노화, 죽음은 누구도 피할 수 없다. 인생은 아주 짧고, 불확실하다. 의료 수준이 높은 나라에 산다면 평균 2만5천 일에서 3만 일 정도 산다. 아프리카 대다수 나라의 국민은 평균 생존하는 날이 그 절반도 되지 않는다. 물론 이 평균을 보장받은 사람은 아무도 없다.

우리는 열심히 연금 보험료를 내지만 성인 남성 6~7명 중 한 명은 연금을 타보지도 못하고 죽는다.(여성의 경우 이 비율이 조금 줄어든다.) 우리가 안전하다고 느끼는 것은 피상적인 감정일 뿐이고 실제로는 매일, 매시간 위험에 노출되어 있다. 갑작스러운 죽음을 한 번이라도 경험한 사람이라면 누구나 이것을 안다. 항상 곁에 있던 사람이 갑자기 사라질 수 있다.

사람의 고통은 대부분 개인적인 것이 아니라 주변과 연결되어 발생한다. 그것은 생명과 연관된 존재론적인 경험이다. 모든 생명체는 태어났다가 죽는다. 모든 생명체는 즐겁고 만족스러운 경험뿐만 아니라 고통스러운 경험도 하는 법이다. 자기 돌봄의 태도를 갖기 위해서는 이런 시각이 중요하다. 나의 고통을 나만의 것으로 보는 시선과 다른 사람에게도 일어나는 것으로 보는 시선은 커다란 차이가 있기 때문이다.

우리의 고통스러운 경험을 다른 사람과도 연관된 것으로 느낄 때, 그 고통은 경감된다. 그래서 "고통을 나누면 반으로 줄어든다"라는 말이 있는 것이다. 반대로 고통이 나에게만 일어난 일이라고 확신하면 다른 사람들에게서 고립되어 고통의 압박을 더 크게 느끼게 된다.

심리학에서는 고통스러운 경험을 개인적인 것으로 이해하며, 무엇보다 삶을 살아온 결과로 간주한다. 부모에게 충분한 사랑을 받지 못한다는 느낌을 받으며 자란 아이는 힘든 경험을 할 수밖에 없고, 거기서 불가피하게 개인적인 고통이 시작된다. 바로 이것이 심리치료가 개인적인 삶의 역사에 집중해 온 이유다.

심리치료에서는 이런 고통이 있어서는 안 되는 것처럼 바라보기도 한다. 바꾸어 말하자면, 완벽한 부모를 만나 완벽한 환경을 누리며 성장한 아이는 살아가는 동안에도 늘 만사가 원하는 대로 전개되고, 더 바랄 나위 없이 행복할 것이라고 생각한다.

심리치료에서는 인생의 커다란 도전을 이미 겪은 일처럼 간주할 때가 종종 있다. 자신을 제대로 이해하지 못하는 부모, 너무 일에 매달려 자녀를 위한 시간을 내지 못하는 아빠, 부모의 조기 이혼 같은 경험에서 모든 고통이 비롯되었다고 보는 것이다. 어릴 때 트라우마를 경험한 아이에게 유아기는 실제로 삶에서 가장 힘든 시기가 될 수도 있다.

하지만 현대 사회를 살아가는 대부분의 사람에게 적용되는 보다 나은 이론은, 인생의 커다란 도전은 지나간 것이 아니라 앞으로 닥친다는 것이다. 질병, 노화, 신체적 결함, 언젠가 찾아올 죽음, 이런 것이 대부분의 사람에게는 인생의 커다란 도전이기 때문이다. 인생의 폭탄은 끝에 가서 터질 확률이 훨씬 높다.

채워지지 않는
마음

곤란한 상황에 처한 사람은 당연히 마음이 불편하다. 수도관이 파열되어 집 안이 물바다가 된 사람, 큰 사고를 당해 병원에 입원한 사람은 마음이 불편하고 무겁다. 이와 달리 삶이 안락하고 별다른 운명의 시련을 겪지 않는 사람이라면 사실 마음이 편해야 맞다. 그런데 그렇지 못한 까닭은 무엇일까?

괜찮은 직업과 멋진 집이 있고 주변에 다정한 친구와 가족들이 있는데도 하루하루가 늘 행복하지만은 않다면 그 사람은 고마움을 모르는 사람일까? 반대로 생각할 수도 있다.

내 앞에서 "정말 안타까워요!"라고 말한 의뢰인이 있다. 그는 이어서 "선생님을 찾아왔지만, 막상 털어놓을 불만이 없네요. 그저 보람을 못 느낄 뿐이에요"라고도 했다. 이 사람은 상담받으러 온 이유를 거의 잊어버렸다. 이유를 설명하지 못하고, 가끔 눈물을 글썽였다.

그와 나는 매달 계좌로 적당한 돈이 입금되고 집에 아름다운 발코니가 있다는 이유만으로 사람이 행복한 것은 아니라는 결론을 함께 내렸다. 이 사람이 눈물을 흘리는 이유는 끊임없는 지나친 요구 때문이다. 그는 모든 것이 제대로 되어야 한다는 목소리 때문에 엄청난 스트레스를 받고 있었다. 매일 밤, 잠자리에 들 때면 '모든 것이 제대로 되지 않으면 어쩌지' 하는 생각에 크게 불안을 느껴온 것이다.

내가 어렸을 때, 부모님은 우리 가족의 처지를 아프리카 아이들과 자주 비교했다. 아프리카 아이들은 먹을 것이 없어서 무척 힘들게 사는데, 누나와 나는 아이들에게 필요한 모든 것을 갖추고 있다는 말을 자주 들었다. 시금치를 먹지 않겠다고 하면 고마운 줄도 모르고 불평만 한다고 혼이 났다. 그렇게 혼이 난다고 해서 당장 시금치가 더 맛있어지거나 먹고 싶어질 리는 없었다. 대신 우리가 뭔가 잘못하고 있고, 고마움도 모른다는 느낌이 들었고 그런 말이 계속되자 나중에는 아프리카 아이들이 싫어지기까지 했다.

풍족하게 사는 사람은 바로 그 때문에 행복과 거리가 먼 경험을 할 때가 종종 있다. 수많은 연구 결과는 행복이 계좌 잔고의 증가에 따라 쉽게 커질 수도 있지만, 소득이 평균 이상으로 늘어난다고 해서 만족 역시 평균 이상으로 늘어나는 것은 아님을 분명히 보여준다. 물론 수입이 계속 인상되는 것은 좋은 일이지만, 그렇다고 더 행복해지지는 않는다는 말이다.

행복과 만족이 주로 복지수준과 관계가 있다면, 선진국에서는 더 많은 사람이 행복해야 하고 빈곤 국가의 사람들은 대체로 몹시 불행해야 맞다. 그런데 과연 그럴까? 나는 그렇게 생각하지 않는다.

우리는 언론을 통해 '성공적인 삶'을 살면서 명예를 얻고 사회적인 인정을 받아 모든 것을 성취한 것으로 보이는 사람이 행복을 누리지 못한다는 얘기를 끊임없이 보고 듣는다. 독일의 기업가인 아돌프 메르클레Adolf Merckle는 회사가 재정 압박에 시달리자 자살했다. 당시 소유재산이 약 70억 유로로 평가된 그는 독일 최고 부호층에 속했다.

세계 최고의 유명 인사 중 한 명인 가수 마이클 잭슨은 50세라는 이른 나이에 약물 과다 복용으로 목숨을 잃었다. 그는 내면의 고통을 줄이려고 제약회사에서 나오는 온갖 약을 먹었는데도 계속 불행하다고 느낀 것이다. 내면의 행복이 우리가 생각하는 것처럼 외적인 조건과 관계되는 것이 아니라는 것은 분명하다.

스스로
만들어 낸 고통

우리는 살아가면서 예상되는 보통의 고통만으로는 성에 차지 않는 것처럼 스스로 만들어낸 다른 고통을 걱정한다. 심할 때는 우리 스스로 떠안은 고통이 어쩔 수 없이 마주치는 고통보다 더 클 때도 있다.

불가피한 고통과 사람이 자초하는 고통의 차이는 외부에서 발생하는 사건으로 쉽게 구분된다. 신문이나 저녁 뉴스를 보면 알 수 있다. 수천 명의 사망자가 발생한 이탈리아의 지진이나 인도의 혹서는 자연 현상이고, 시리아의 전쟁이나 지중해의 난민이 겪는 참상은 인재에 따른 것이다.

하지만 우리는 마음속에서 매일 우리 자신과 주변 사람들 때문에 새로운 고통을 만들어 내고 있다. 보통 무심코 이런 고통을 만들지만, 우리 자신의 이런 태도 때문에 삶이 더 힘들어진다는 것을 모를 때가 많다.

우리는 모든 사건과 마주칠 때마다 사건 자체에 담긴 고통 외에 다른 이야기를 만들어 낸다. 때로는 이 만들어 낸 이이야기 때문에 고통이 훨씬 심해지는 경우도 많다. 이때 사람은 추가의 이야기를 생각하지 못하는 동물과 구분된다.

눈이 쌓인 겨울에 먹이를 찾지 못한 참새는 굶을 수밖에 없고, 여러 날 계속 굶는다면 이 참새는 죽을 것이다. 굶주림과 죽음은 동물의 세계에서 늘 있는 현상이다. 이때 참새에게 이성이 있다면 참새의 고통은 분명히 더 커질 것이다.

참새는 이런 생각을 할 것이다. '세상은 너무 불공평하다. 왜 나만 먹을 것이 없단 말인가? 다른 참새와 동물들이 내가 먹을 것까지 몽땅 먹어 치우는 바람에 내 먹을 것이 남지 않은 것이다. 내가 뭘 잘못했기에 세상은 나에게 이렇게 모질까? 먹이가 풍족한 다른 곳을 찾아서 날아가야 하는데, 너무 춥고 피곤하다. 먹을 것이라고는 없는 이 숲으로 날아오다니 나도 참 어리석었어. 해마다 겨울이면 똑같이 굶주려야 하는 삶은 얼마나 고달픈가?'

이성이 있는 참새는 이런 생각을 연달아 하다가 결국 틀

림없이 우울증에 빠질 것이고 최악의 경우 자살을 생각할지
도 모른다.

사람의 이성은 삶이 바라던 모습과 다르다는 이유만으로
고통스러운 경험을 하게 된다. 이런 경험을 불교에서는 '고苦'
라고 한다. 고란 예를 들어 뭔가 원치 않는 일이 생길 때를 말
한다. 고는 하루에도 수십 번 일어날 수 있다. 보고 싶지 않
은 이웃 사람을 우연히 만날 수도 있고, 출근길에 갑자기 길
이 막힐 수도 있다. 아이들이 게임을 못 하게 한다고 아침부
터 투덜댈 수도 있고, 퇴근 후에 편히 쉬려고 하는데 갑자기
이웃의 부탁을 들어줘야 하는 상황이 올 수도 있다.

고는 원하는 것을 얻지 못할 때도 생긴다. 자전거 하이킹
을 가기로 하고 주말만을 손꼽아 기다렸는데 하루 종일 비가
내리기도 하고, 멀리 사는 연인과 만날 날을 오래 기다렸는
데, 막상 만나서는 사소한 걸로 말다툼을 하고 5분 만에 헤
어지기도 한다. 마음에 꼭 드는 새집으로 이사를 했는데 어
느 집인지 층간 소음을 하루 종일 내는 바람에, 자려고 누워
서도 그 소리를 들을 수밖에 없게 되기도 한다. 이보다 더 괴
로운 것은 마음에 꼭 드는 집을 구하지 못해, 날마다 '멋진
집에 살면 얼마나 만족스러울까' 하는 생각을 아침부터 밤까

지 하는 것이다.

스스로 만들어내는 괴로움과 고는 현재에 대한 마음의 반감에서 비롯된다. 우리는 심지어 수년 또는 수십 년씩 오랜 세월이 지나도 변치 않는 사실과 맞서 싸울 때도 있지만("아, 그때 내가 왜 그렇게 했지…?", "그래서는 안 되었어") 과거는 어떻게 해도 되돌릴 수 없다.

우리가 과거의 우리 자신이나 타인을 용서하지 못하고 삶을 원망하는 것은 과거에 몹시 시달리기 때문이다. 우리가 과거 주변을 맴돌 때, 현재를 가꿀 생각도 의지도 사라진다.

거의 쉰이 다 된 내 의뢰인 중 한 명은 어렸을 때 아버지가 언니만을 애지중지했다는 괴로움에 평생 시달렸다. 아버지는 이미 오래전에 세상을 떠났고, 이제는 언니가 더 이상 사랑을 독차지하지 못하는데도 불구하고 이 사람은 지금도 화를 낸다. 자기가 겪는 모든 괴로움과 고통의 원인은 두 사람의 어린 시절이 불공평했기 때문이라고 굳게 믿고 있기 때문이다.

외면하고 싶은
감정들

우리가 고통스러운 경험에 대하여 말할 때, 외부의 사건이 주
요 원인이 될 수도 있지만, 항상 그런 것은 아니다. 실제로 외
부적 사건(예를 들어 부부싸움)은 특정 느낌을 유발한 원인(예
를 들어 처음에는 화가 나서 싸웠지만, 그 뒤에 찾아오는 슬프고 외
로운 느낌)에 지나지 않기 때문이다. 실제로 이때 맛보는 슬프
고 외롭다는 느낌(고통)은 부부싸움이라는 사건 자체와는 무
관한 감정이다.

불쾌한 감정을 원하는 사람은 아무도 없다. 슬프거나 절
망적인 감정을 좋아하는 사람이 어디 있겠는가? 피하고 싶은
감정은 그 외에도 얼마든지 있다. 특히 슬픔과 절망, 불안,
공포, 무기력, 수치가 여기에 속한다. 그럼에도 불구하고 이

런 감정은 떨쳐낼 수 없는 우리 삶의 일부다. 사람이라면 누구나 이런 감정을 알고 있으며 모두가 이미 체험했거나 어쩌면 앞으로도 수백, 수천 번 경험하게 될 것이다.

이런 감정 중에 어떤 것도 이유나 기능 없이 존재하지 않는다. 모든 감정에는 나름대로 의미가 있고 일정한 생물학적 기능을 하고 있다. 감정이 존재하는 것은 오직 우리를 보호하고 생존을 보장하기 위해서다. 사람은 자신에게 위협이 될 수 있는 상황에서 불안을 느낀다. 슬픈 감정은 상실감을 극복하기 위해 나오는 자연스러운 반응이다.

그러므로 때때로 발생하는 감정에 대하여 긍정적 또는 부정적이라고 말하는 것은 옳지 않다. 긍정적이거나 부정적인 감정이란 존재하지 않는다. 오로지 유쾌하거나 불쾌한 감정만 존재할 뿐이다.

불쾌한 감정을 회피하면 결국 장기적으로 건강을 해치게 된다. 몇 시간이나 계속 짧은 동영상을 보는 사람이 있다. 그가 동영상을 몇 시간이고 틀어두는 것은 만사가 순조로워서가 아니라 단지 그 순간에, 외로움을 느끼지 않기 위해서다. 하지만 장기적으로 볼 때, 외로운 감정은 더 강해질 것이다. 집에서 동영상만 본다면 외로움을 없애줄 새 친구를 사귈 가능성은 없기 때문이다. 그는 대안으로 알코올이나 마약을 찾기도 하고 쉴 새 없이 일에 파묻히기도 한다. 그래도 외로움은 없어지지 않는다. 이 밖에도 불쾌한 감정을 벗어나기 위한 회피 전략은 수없이 많다.

사람이 고통을 회피한다고 상황에서 벗어날 수 있는 것이 절대 아니다. 단지 자신의 감정으로부터 도피할 수 있을 뿐이다. 하지만 사람이 자기 마음속에 있는 감정으로부터 완벽히 도피하는 것이 과연 가능할까? 어쩌면 외로움을 느끼는 사람이 영상을 보면 아마 한두 시간은 외로움을 느끼지 않을 수도 있을 것이다.

이것을 외로운 감정을 동영상이 해소해 주는 것으로 해석하면 절대로 안 된다. 외로움은 내면에 잠복하면서 그를 기다릴 뿐이다. 그다음 순간에 외로움이 다시 찾아와 문을 두드리면 다시 거기서 벗어나려고 몸부림쳐야 한다. 마음의 한 부분이 다른 부분으로부터 도피하려고 할 때는 당연히 내면의 갈등이 발생하며, 이 갈등은 극심한 에너지 소모와 압박감을 낳고 급기야 탈진으로 이어진다. 불쾌한 감정을 밀어내는 것은 종종 우울증이나 불안장애 같은 심리적 고통을 낳으며, 그러면 또다시 새로운 고통으로 이어진다.

고통이 자라는 것을
온전히 느낄 때

조금 오래된 영화 『그리스인 조르바』에서 본받을 만한 관점이 있다. 주인공 알렉시스 조르바의 인생관이 바로 그것이다. 영화 속에서 작가인 버질이 자신 소유의 광산에 작업반장으로 조르바를 고용한다. 이들에게는 갱도를 떠받치기 위한 튼튼한 목재가 필요하다. 그래서 조르바는 나무 기둥을 운반하기 위해 케이블 궤도를 설치할 계획을 세운다. 힘들게 설치한 시설은 개통하자마자 망가지고 만다. 조르바는 이 사고에 개의치 않고 해변에서 친구 버질에게 그리스의 민속춤 시르타키를 가르친다.

『그리스인 조르바』는 세계적으로 유명한 소설 원작 영화다. 시대를 불문하고 이 이야기에 많은 사람이 매력을 느끼는 이유 중에는 분명히 조르바의 인생관도 한몫할 것이다. 살면서 뭔가가 완전히 잘못되어도 그 때문에 당황하지 않고 삶을 있는 그대로 받아들이기, 절망 속에서도 뭔가 긍정적인 결과를 끌어내는 태도가 바로 그의 인생관이다.

언론에서는 무엇에도 굴하지 않고 늘 상황을 통제하면서 무슨 일이 일어나든 기쁜 표정을 지으며 바쁘게 활동하는 사람이 자주 나온다. 정치인들은 선거에서 패배한 날 밤에, 이번의 실패가 다시 도전하기 위한 자극제가 되었으며 4년 후에는 틀림없이 좋은 결과가 나올 것이라고 말한다. 2015년 유로비전 송 콘테스트에서 독일 여자가수 안 소피Ann Sophie는 0점을 받았다. 이는 50년 동안 누구도 받은 적 없는 비참한 성적이었다. 쇼가 끝날 때, 소피는 똑같이 0점을 받은 오스트리아 그룹 '더 메이크메이크스The Makemakes' 옆에 서서 말했다. "우리는 0점을 받았지만 그래도 기뻐요!"

스타와 정치인은 이런 식으로 자신은 기죽지 않았다는 것을 보여준다. 언뜻 보면 의지가 강하다는 인상을 주지만, 사실 이들의 태도는 실패에 따른 고통과 좌절, 분노, 수치 같은 감정을 부인하는 것이다. 이들이 이런 회피나 부인 반응을 보이는 것은 약자나 실패자로 비칠 경우, 다음번의 성공에 지장이 있을 것을 두려워하기 때문일 가능성이 크다.

사람이 개인적으로 소중한 목표를 위해 매진하다가 좌절할 때, 슬픔과 고통 같은 감정의 반응이 나오는 것은 자연스러운 일이다. 이런 감정은 실패를 다스리고 실망을 극복하도록 도와준다. 우리가 사랑스럽고 고귀한 뭔가를 잃어버렸을 때 슬픔의 반응을 보이는 것은, 고단한 도보여행 끝에 찾아오는 탈진 현상처럼 자연스러운 것이다. 상실 뒤에 슬픈 감정을 느끼는 사람은 정신적으로 아무 문제가 없다. 조르바처럼 중요한 프로젝트에 실패한 직후에 해변으로 춤을 추러 가려면 처음에 느낀 감정을 옆으로 밀어놓을 줄 알아야 한다.

달갑지 않은 경험을 피하고자 사용되는 방법 중에 널리 퍼진 것으로는 '긍정적 사고'라는 것이 있다. 긍정적 사고는 한 사건에서 부정적인 측면은 무시하고 긍정적인 측면을 중심에 놓고 주목하는 태도를 의미한다. 이렇게 긍정적인 측면에만 초점을 맞추면 현실이 다시 긍정적으로 변화하는 데 보탬이 된다.

긍정적 사고 전략을 실행할 때 문제가 되는 것은 불쾌한 감정에 대한 책임을 재빨리 본인 자신에게 돌리는 태도다. 최근에 의뢰인 한 사람이 자신의 경험에 대해 들려주었다. 그는 아들의 대학 학비를 계속 지원해야 하는 중요한 시기에 갑자기 실직해서 좌절을 크게 느꼈다. 그가 친구에게 이 예상 밖의 실직 사태 때문에 몹시 힘들다고 말하자, 친구는 "실직한 것을 기뻐하게. 곧 더 좋은 직장이 생길 테니!"라고 말했다고 한다.

내 의뢰인은 이 이야기를 하면서 자신의 친구가 낭패와 절망에 빠진 자신의 감정에 대하여 뜻밖의 반응을 보인 것에 화를 내지 않았다. 오히려 그는 친구의 접근방식을 바람직한 것으로 보며, 단지 자신이 먼저 그런 생각을 하지 못하는 것을 안타까워했다. "왜 나는 늘 부정적일까요? 그 친구처럼 세상을 볼 수 있다면 살기가 훨씬 편할 텐데 말이죠."

얼마 전에 캐나다에서 발표한 연구 중에 독일 전문가와 언론의 주목을 받은 것이 있다. 이 연구진은 실험 참가자들에게 "나는 사랑스러운 인간이다"라는 긍정적인 문장을 반복해서 말하는 과제를 주었다.

해로울 것이 없어 보이는 문장인데, 놀랍게도 연구진은 이 긍정적인 문장이 실험 참여자에게 미치는 영향에 큰 차이가 있다는 것을 알았다. 이들은 실험에 참여한 사람들을 두 집단으로 나누었다. 한쪽은 평소에 자신감이 넘치는 사람들이었고, 다른 한쪽은 자신에게 비판적이고 부정적으로 대하는 사람들이었다. 이미 자신감이 넘치는 그룹은 이 문장이 좋은 효과를 주어 기분이 더 좋아졌지만, 부정적인 자화상을 지닌 그룹의 경우, 예상과 달리 기분이 좋아지지 않고 오히려 더 압박감을 받은 것으로 나타났다.

연구진은 긍정적인 문장이 평소에 자기 회의에 시달리던 사람들에게 자신을 절대 사랑스러운 사람으로 느낄 수 없는 상황을 떠올리게 한 것으로 짐작했다. 이 문장은 기본적으로 내면의 확신에 도움이 되지 않았고 사실로 체험되지도 못했으며 오히려 자기 평가절하의 심리를 부채질한 것이다.

몇 해 전에 미국의 기자 바버라 에렌라이크Barbara Ehrenreich는 저서 『미소냐, 죽음이냐』를 발표하며 많은 논란을 일으켰다. 이 책에서 에렌라이크는 지속적으로 기분이 좋아야 한다는 압박감, 특히 미국 문화에서 긍정적인 사고와 전략이 갖는 문제점을 파헤쳤다.

이 책을 출간하기 전에 에렌라이크는 유방암에 걸렸다. 그는 자신의 고통과 불안에 대한 이야기를 나누고 싶었는데, 이런 감정을 터놓고 말을 하는 사람이 주변에 아무도 없었다고 말한다. 그 대신 주변 사람들은 격려를 하며, 고통과 불안을 진정시키려고만 했다. 암 환자 자조 모임에 나온 사람들은 그녀에게 암이라는 병이 기회가 될 수도 있다는 것을 고마워해야 한다고 말했다.

고통스러운 경험을 견디며 그것을 재해석하거나 하찮게 여겨야 한다는 것은 너무도 힘든 일임이 분명하다. 서구문화에서는 고통 없는 삶이 존재하는 것처럼 말할 때가 있다. 특히 의학에서는 모든 질병을 다스릴 수도 있다는 암시를 계속 보낸다. 그린 스무디를 충분히 마시고, 몸에 이로운 비타민 B12의 균형을 조절하며, 붉은 살코기를 먹지 않으면 병에 걸리지 않을 것처럼 말한다. 하지만 사람이 큰 병에 걸리지 않고, 조기사망을 피한다고 해도 언젠가 분명히 늙고 허약해지기 때문에 그에 따른 고통은 누구도 피할 수 없다는 것이 진실이다.

언젠가는 요양원에 들어가거나 재가 치료에 의존해야 한다는 악몽 같은 상상을 누구나 해보았을 것이다. 한편으로 운동을 충분히 하고 채식 생활을 하면 그런 운명을 피할 수 있을 것처럼 우리를 속이는 말도 누구나 들어보았을 것이다. 그래서 이른바 '성공적인 노화'나 '긍정적인 노화'라는 주제를 다루는 책들이 언제나 베스트셀러 목록에 있다.

노화를 막으려는 절망적인 노력을 보면서 내가 즐겨 드는 예가 바로 루디 베스텐도르프Rudi Westendorp의 『늙지 않고 나이 먹는 법: 오늘 가능한 것은 무엇인가Alt werden, ohne alt zu sein: Was heute möglich』이라는 책이다. 이 책은 이미 제목 자체에 심각한 사고의 오류가 들어 있다. 사람이 나이를 먹으면 언젠가는 실제로 늙고, 거기서 조금 더 지나면 바싹 늙어 노인에게 필요한 온갖 것을 지니고 살기 때문이다. 주방 식탁에는 약봉지가 나뒹굴고 방구석에는 온갖 지저분한 것들이 쌓여 있을 것이다. 어쩌면 대소변을 못 가릴 수도 있고 침대에 묶이는 신세가 되어, 더 이상 살고 싶지 않다는 생각이 절로 떠오를지도 모른다.

사람은 고통스러운 경험에서 벗어나려고 끊임없이 애를 쓴다. 의뢰인들이나 내 주변에서 보는 사람들이 고통스러운 경험을 털어놓을 때면, 나는 흔히 그들이 "언젠가는 좋아지겠죠", "내가 모르는 특별한 이유가 분명히 있겠죠", "그렇게 심하진 않아요", "긍정적으로 앞만 바라봐야죠"라고 말하는 것을 듣는다. 이런 말 뒤에는 고통스러운 느낌을 떨쳐버리려는 의도가 숨어 있다.

『미소냐, 죽음이냐』에 담긴 비극적인 의미는 우리 인간은 기분이 좋아야 한다는 압박감을 받으며, 바로 이런 집요함이 기분 좋은 상태를 방해한다는 데 있다. 따라서 우리는 좋은 기분을 맛보려고 애를 쓰지만 실제로 기쁨은 얻지 못한다. 우리가 애를 쓸 때 느끼는 것은 거짓 감정이다.

여기서 우리가 배워야 할 점은, 고통을 회피하려고 하는 것은 아무 의미가 없고 단순히 새로운 고통을 만드는 데 지나지 않는다는 점이다. 반대로 우리가 고통을 온전히 느낄 때는 충격이 줄어든다. 당신도 자기 돌봄과 수용 과정을 통해 이런 도전을 해볼 수 있다.

Chapter 03.

당신의 잘못이
아니다

내 마음의
진짜 주인

뭔가 일이 어긋날 때, 마음속의 불평하는 목소리는 보통 우리 자신에게 책임을 돌린다. 결과적으로 우리는 똑같은 실수를 되풀이하지 않으려고 다음번에는 더 애를 쓴다. 또 우리는 자신의 성격상의 특징에 책임을 돌리기도 한다.

하지만 모든 사람에게는 다른 태도를 취할 기회도 있다. 우리가 하는 모든 것에 우리 자신의 책임이 있다는 관점을 받아들이면, 거기서 죄의식과 수치감이 나온다. 바로 이런 감정이 우리의 삶을 힘들게 한다. 이것은 우리의 기분을 억누르고 때로는 마음을 위축시키거나 경직되게 만들며, 동기부여를 축소하는 결과를 불러온다.

자신에게 모든 책임을 묻고 무가치함을 느끼는 사람은 절대 만족스럽고 성취하는 삶을 누릴 수 없다. 이런 감정을 느끼지 않고 평생을 살 수 있다면, 그것은 축복이다. 그렇게만 되면 대부분의 사람에게 삶은 훨씬 편해질 것이다. 이 챕터에서는 사람의 태도가 얼마나 자신의 성격, 생존 상황에 영향을 미치는지, 어떻게 무가치함을 극복할 수 있는지 좀 더 정확하게 설명하려고 한다.

사람의 몸속에서는 쉴 새 없이 수백만 가지의 다양한 신체 작용이 일어나고 있다. 그중에 우리가 영향을 미치거나 통제할 수 있는 작용은 몇 개나 될까? 단 하나도 없다. 그런 작용은 자율적으로 진행되는 것이며 우리의 의지로 영향을 줄 수 없는 영역이다. 몸이 자율적으로 움직이는데 우리가 걱정하며 개입한다면 신체 시스템 전체가 무너질 것이다. 호흡이나 식사 후에 인슐린 수치를 맞추는 것을 어떻게 일일이 기억하고 개입한단 말인가!

우리는 어떤 전달물질을 쏟아내야 하는지, 신체의 저항력으로 어떻게 세균을 막아낼 것인지, 얼마나 빠르게 머리칼이 자라게 할 것인지를 결정할 수 없다. 우리는 신체의 활동 과정에 일체의 영향력을 행사할 수가 없다. 다만 간접적인 방법으로, 예를 들어 운동량을 늘리거나 단백질을 더 섭취해서

영양 상태를 조절한다든가 하는 식으로 제한적인 영향을 줄 수 있을 뿐이다.

최근에 나는 한 의뢰인에게 사람은 대부분 신체 내부의 작용에 어떤 영향도 미칠 수 없기 때문에 논리적으로는 그에게 어떤 책임도 없다는 설명을 했다. 그는 내 설명을 듣고 이렇게 말했다. "하지만 제 생각에는 저 자신이 하는 일이니 책임도 제가 져야 한다고 봐요. 제가 만일 나쁜 생각을 하면 제가 나쁜 사람인 거죠."

이 의뢰인처럼 많은 사람이 생각을 '스스로 하는 것'이라고 주장한다. 하지만 이것은 옳지 않다. "방금 생각이 떠올랐는데" 또는 "생각이 났어"라는 말은 일상적인 표현이다. 바로 이런 표현으로 분명해지는 사실은 우리가 스스로 생각을 만들어내기보다 생각이 "발생한다"라는 것이다.

실제로 사람은 자기 생각을 통제할 수 없다. '나는 너무 뚱뚱해!'라고 생각하는 사람은 어떤 다른 생각, 예를 들어 '나는 최고의 용모를 지녔어'라는 생각을 선택할 수 없다. 아무리 긍정적인 생각을 하려고 해도 그냥 '나는 너무 뚱뚱해!'라는 생각이 자연스럽게 떠오르는 것이다. 물론 다른 생각을 그 앞에 들이미는 시도를 할 수는 있지만, 궁극적으로 어떤 생각을 믿을 것인가는 결국 통제 밖의 일이다.

그렇다면 누가 생각을 하는 것인가? 현재까지 알려진 바에 따르면, 생각은 우리와 무관하게 서로 소통하는 수천만 개의 신경세포를 통해서 발생한다. 신경세포 사이에서 '산책하고 싶다'라는 내용이 충분히 발생하면 언젠가는 우리의 마음속에 '산책하고 싶다'라는 생각이 떠오르는 것이다. 생각은 우리가 만들어내는 것이 아니라 그냥 뇌 속에서 발생한다. 따라서 사람은 자기 생각의 주인이 아닌 셈이다.

여기서 사람의 감정과 행위에 대해서도 알아볼 필요가 있다. 사람의 감정이 원하는 대로 생기는 것이 아니라 단순히 그냥 나타난다는 사실은 아주 분명하다. 갑자기 전혀 뜻밖의 소리가 들릴 때, 우리는 움찔하고 놀란다. 소음이 날 때, 최대한 침착한 태도를 유지하려고 해도, 이어서 예상치 못한 굉음이 들리면 우리의 심장은 박동이 더 빨라지면서 몸은 움츠러들고, 손은 땀이 나서 축축해진다.

나는 시골에 살기 때문에 가끔 밤에 어두운 숲길을 지나가야 할 때가 있다, 덤불에서 무슨 소리가 들리면 나는 불안해 진다. 아직 숲에서는 아무 일도 없었고, 만난 소리의 주인은 노루 정도뿐이다. 대개 개와 함께 다니기 때문에 확률상 무슨 일이 실제로 일어날 가능성은 아주 낮다. 그런데도 나는 불안해지며, 이 불안에 대하여 어떤 영향력도 행사하지 못한다. 혼자 "걱정하지 마!" 또는 "덤불 속에 웬 짐승이 있나 보지"라고 짐짓 크게 소리 내서 말해봐도 아무 소용이 없고 숲이 끝나 불빛이 보이는 길로 들어서서야 불안은 사라진다.

슬픔이나 기쁨, 수치, 분노 같은 다른 감정도 아무 때나 예고 없이 나타난다. 아마 당신도 "기죽지 마, 기운 내라고. 슬퍼할 이유가 없다니까"라는 충고를 들어본 적이 있을 것이다. 이때 당신은 그 말을 듣고, 바로 슬픔을 사라지게 할 수 있었는가? 우리는 그 말을 듣고 고작 마음속의 고통을 옆으로 밀어놓고 감정을 감추는 정도만 할 수 있다. 그 이상은 그 어떤 사람도 할 수 없다.

기쁨이나 호기심 같은 즐거운 감정에 대해서도 우리는 영향을 미칠 수 없다. 기쁨은 아무 때나 찾아오고 아무 때나 사라진다. 내가 할 수 있는 거라곤 겨우 기쁨이 생길 때 그것을 즐기고, 다시 사라지려고 할 때 놓아주는 것뿐이다.

자유의지라는
환상

사람이 신체의 활동 과정이나 생각, 감정을 통제할 수 없다는 것을 확인했으니 이제 사람의 행위로 눈을 돌려볼 시간이다. 우리가 어떻게 행동할 것인가는 분명 우리 스스로 결정할 수 있는 것처럼 보인다. 지금 이 순간 우리는 왼손을 들거나 눈을 감는다는 결정을 스스로 내릴 수 있다.

하지만 일련의 연구 결과를 살펴보면, 사소한 행동을 결정할 수 있다는 가정에도 의문을 가지게 된다. 오늘날에는 사람이 자신의 행동에 거의 또는 전혀 영향을 미치지 못한다고 알려져 있기 때문이다. 이 분야의 연구 중에 가장 유명한 것으로는 리벳 실험이라는 것이 있다. 이 실험은 미국의 뇌연구가 벤저민 리벳Benjamin Libet의 이름을 따서 붙인 명칭이다.[1]

리벳은 실험 참가자들에게 원하는 순간에 팔 관절을 움직여 보라고 요구했다. 이와 동시에 팔을 들기로 결정할 때, 시계의 초침을 주목하도록 했다.

실험 참가자들은 뇌의 활동을 측정하는 계기에 연결되어 있었다. 계기의 측정 결과 팔을 움직이는 결정을 하기 약 0.5초 전에 뇌가 활동을 시작한다는 사실이 드러났다. 당신은 당연히 이와 반대되는 결과를 예상했을 것이다. 실험 참가자가 자신의 의지대로 결정을 내리고 그다음에 뇌 속에서 그에 해당하는 활동이 일어나리라고 예상했을 것이다. 하지만 실제로는 참여자가 팔을 움직이는 결정을 하기 전에 뇌가 먼저 활동하는 것으로 밝혀졌다.

실험 참가자가 곧 동작을 하기로 결정한 것을 어떻게 뇌가 안단 말인가? 논리적인 추론을 하면 뇌의 활동이 먼저 일어나고 그다음 순간에 팔을 움직이겠다는 자유로운 결정의 감정이 나타나는 것이다. 이 실험에 참여한 사람들은 자신의 자유의지로 팔을 움직이는 결정을 했다고 생각했을 것이다. 하지만 실제로 이 결정은 뇌가 먼저 하고, 그 뒤에 실험 참가자는 자신이 결정을 내린 것이라고 느낀다.

이 연구 결과는, 스스로 믿는 것과 달리 사람은 자기 몸의 주인이 아니라는 것을 보여준다. 예를 들어 우리가 초콜릿 한 판을 뜯어 그중 한 개를 먹는다고 해보자. 그리고 10분쯤 지나서 초콜릿 한 판 중 3분의 2가 비어 있다는 것을 알면 무슨 일이 생길까? '누가 초콜릿을 먹은 거지?'라는 생각을 할 것이다. 물론 다른 사람이 먹은 것이 아니다.

자유로운 결정처럼 보이는 일들은 사실 우리가 거의 영향을 미치지 못하는 고도로 자동화된 과정일 뿐이다. 우리가 일상적으로 매달리며 하는 일의 90퍼센트 이상은 우리 자신과 무관하게 뇌가 결정하는 것이다. 대체로 이 과정에서 감각이 발동되지만, 여기에도 우리는 관여하지 않고, 의사를 전할 기회도 없다.

예를 들어 빨간 신호등을 보고 브레이크 페달을 밟을 때, 우리는 이 행동을 해야 할지 말지를 자신에게 묻지 않으며 그렇게 할 때 어떤 장단점이 있는지 길게 생각하지 않는다. 그저 행동이 이루어진다. 하지만 어떤 행동에는 조금은 관여하는 것이 바람직할 수도 있다. 앞에서 말한 초콜릿 한 판을 먹을 때가 바로 관여가 필요한 상황이다.

사람은 자신의 성격과 행동 모형에 대하여 아무런 영향력이 없다. 과거에는 인간이 이른바 '타불라 라사Tabula rasa'라는 백지상태로 세상에 나왔으며 학습의 경험을 통해서만 이 백지를 채우게 된다고 생각했다. 오늘날의 연구는 사람의 인격과 성격 구조는 이미 태어날 때, 내면에 갖추어져 있다는 것을 밝혀냈다.

자녀를 많이 낳은 부모는 아이들이 얼마나 다른 성격을 가지고 태어나는지 알기 위한 연구를 할 필요가 없다. 키우다 보면 어떤 아이는 늘 혼자 있는 것을 좋아하고 또 어떤 아이는 날 때부터 가능하면 많은 사람과 어울리는 것을 좋아한다는 것을 알게 된다.

사람은 자라면서 생활환경과 경험을 통해 특징을 형성하지만, 이런 요인에 대해서도 우리는 영향을 미치지 못하는 경우가 종종 있다. 이탈리아 시칠리아의 마피아 가정에서 태어난 사람은 아마 커서도 같은 공간에서 활동할 것이다. 음악가 집안에서 태어난 사람은 훗날 악기 세 개를 다루고 릴케의 시를 읽을 가능성이 있다.

우리가 어떤 가정에 태어나는가, 우리가 유아기와 청소년기에 무엇을 경험하는가는 우리의 영향권을 벗어나는 일이다. 따라서 우리 인간은 유전적인 프로그램을 입력한 결과인 동시에 우리가 경험한 조건의 결과이기도 하다.

그러므로 우리는 우리의 신체 작용의 과정이나 생각, 감정, 행위, 성격 구조를 통제할 수 없다는 사실을 인정해야 한다. 신체 작용의 과정이나 생각, 감정, 행위, 성격 구조는 사전에 우리 자신이 동의하지 않아도 자연스럽게 "발생한다"라고 말해야 할 것이다. 만일 우리가 우리 몸의 주인이라면, 우리는 즐거운 생각과 아름다운 감정만 만들 수 있을 것이다. 또 우리에게 좋고 옳다고 느끼는 일만 할 것이다.

우리 인간이 자신의 몸에 별로 영향력을 가지고 있지 않다는 사실은 명백하다. 영향력을 가지고 있다면 우리들은 대부분 자신의 삶을 즉시 바꾸려 들 것이다.

얼마 전에 나는 회전목마를 타는 남자아이를 관찰한 적이 있다. 이 아이는 소방차 모형에 혼자 타고 있었는데 그 앞에는 말이 있고 뒤에는 녹색 헬리콥터가 있었다. 아이는 소방차 모형이 도는 방향을 왼쪽으로 바꾸는 일에 완전히 정신을 집중하고 핸들을 돌렸다. 앞에 있는 말과 부딪치지 않으면서 방향을 맞추는 일에 온통 정신을 빼앗겼기 때문에 부모에게 손을 들어 보이는 동작을 할 틈도 없었다. 아이는 회전목마의 속도가 너무 빠르고 마음대로 소방차 모형의 방향을 틀 수 없어 무척 겁이 난 표정이었다. 바로 이 아이에게 일어난 일이 우리의 삶에서 일어난다.

우리는 모든 것을 제대로 처리하려고 무척 애를 쓰지만 정작 실제로 할 수 있는 일은 거의 없다. 회전목마는 정해진 방향과 속도대로 도는 것이고 소방차는 단단히 고정되어 있다는 사실을 아이가 알았다면, 아이는 즐거운 표정으로 아이스크림을 먹으며 부모에게 즐겁게 손을 흔들어 보일 수 있었을 것이다.

일반적으로 우리가 생각하는 것 이상으로 통제할 수 없는 상황에 맞서는 것은 우리를 극도로 불안하게 한다. 요즘 사람이 얼마나 자유의지를 발휘할 수 있는지에 대한 토론이 과학자들 사이에서 아주 뜨겁게 전개되고 있다. 몸속에서 일어나는 과정이 대부분 자율적으로 진행된다는 것을 인정한다면, 우리가 가지고 있는 전체적인 자의식을 바꿔야 할지도 모른다.

이 장을 읽은 다음 당신의 반응은 어떤가?
마음이 가벼워지는가, 아니면 불안해지는가?
마음속에서 반발심이 생기는가, 선뜻 납득이 되는가?

나의 다양한
모습들

심리치료 분야에서는 오랫동안 의뢰인이 자유로운 결정을 내릴 수 있는 인격체라는 생각이 지배적이었다. 이런 가정을 받아들인다면, 의뢰인에게 마음에 들고 건강에 이롭다고 생각하는 방향으로 결정하라는 설득을 쉽게 할 수 있다. 예를 들어, 알코올 중독자에게는 왜 금주를 하는 것이 좋은지를 설명하는 것이다.

문제는 의뢰인도 금주가 좋다는 것을 이미 알고 있고, 수십 번이나 금주를 해보려고 시도했지만 성공하지 못했다는 것이다. 혼자서 금주하지 못하고 치료를 통해 도움을 받으려고 하는 사실 자체가 벌써 자기 삶에 대한 통제권이 없다는 증거다. 실제로 자유의지가 존재한다면, 도움이 필요한 사람은 거의 아무도 없을 것이며 대부분의 심리치료사는 실업자가 되고 말 것이다.

최근 들어 인간의 자아가 단일 인격체라는 생각이 흔들리고 있다. 요즘 나오는 심리학 관련 저널을 보면 복수의 자아, 부분적인 자아, '모디Modi'라는 말이 등장하고 있으며 인간은 다양한 사회적 상황에서 다양한 역할을 할 뿐만 아니라 다른 인격체가 된다는 의미로서 사회적 자아라는 말을 쓰기도 한다.

사실 이런 관점은 완전히 새롭고 독창적인 것이 아니라 우리 모두가 알고 있는 일상의 경험과 일치되는 것에 가깝다. 인간은 늘 똑같은 존재가 아니며, 다양한 상태로 존재할 수 있다. 어느 아침에 일상의 삶에 아주 만족하다가도, 저녁이 되면 모든 것이 뒤죽박죽이라고 느끼는 식이다.

얼마 전에 번아웃으로 나를 찾아온 의뢰인이 이런 말을 했다. "선생님을 찾아와 소파에 앉으면 모든 것이 명확해요." 사실 그는 일주일에 100시간이나 되는 노동을 더 이상 견딜 수 없으며 이명이나 혈압이 이미 위험 수준에 이르렀다는 것을 정확하게 알고 있었다. 하지만 다시 사무실에 앉으면 마음속에서 수다스러운 목소리가 충동을 불러일으켰다. '지금 절

대적으로 업무량이 많은 게 아니야. 다른 사람들도 이 정도는 일한다고.'

인간적인 속성이라고 할 내면의 다양한 상태를 요즘에는 모디라고 부른다. 모디는 우리가 존재하는 정서적·인지적 상태이며, 때로는 이 상태끼리 서로 대립할 수도 있다. 어느 순간에 배우자나 자녀에게 분노가 치밀어 욕을 한 사람이 몇 분만 지나면 상대를 향해 거친 행동을 보인 것을 사과한다. 이때 어떤 모습이 진정한 자아일까? 분노로 들끓는 존재일까, 누그러진 목소리로 사과하는 존재일까?

우리는 보통 선한 인격이 자신의 모습이고 또 다른(상대적으로 악한) 인격은 일시적으로 자신을 사로잡을 때가 있다고 생각한다. 이런 모습에 대하여 우리는 "내 정신이 아니었다", "내가 무엇에 씌었는지 나도 모르겠다", "내가 뭐에 홀렸다"라고 말한다. 우리는 이때 본래의(선한) 인격 외에 잠시 우리를 사로잡은 작은 악마가 있다고 생각하려는 경향이 있다.

하지만 우리 인간은 어느 정도 긴밀하게 엮인 채 큰 차이를 보이는 부분으로 이루어진 존재이지, 무엇에 사로잡히지 않는다. 특히 우리가 스트레스를 받는 상황에서 순식간에 전혀 다른 모습으로 바뀐다. 사람의 호르몬 체계는, 사랑에 빠졌을 때나 임신기간, 또는 출산 후나 생리를 앞둔 시기에 크게 요동친다. 그래서 어느 순간에는 아주 명랑하다가도 얼마 지나면 깊은 슬픔에 빠지기도 하는 것이다.

이렇게 서로 다른 모습의 자아는 지극히 정상이다. 그리고 지금까지 드물게 나타나서 낯선 자신의 일부분을 알게 되는 순간, 우리는 아주 불안해지거나 공포를 느낄 수도 있기 때문에, 이런 사실을 미리 알고 있는 것이 중요하다. 우리가 매우 부정적으로 평가하고 우리의 일부라는 것을 마땅치 않게 생각하는 충동이나 생각이 마음속에 생길 수 있다는 것을 아는 것은, 자기 돌봄에 도움이 된다.

불필요한
책임감의 이유

자유의지가 존재하지 않는 것이나 우리 인간이 단일한 존재가 아니라는 사실이 자기 돌봄이라는 이 책의 주제와 무슨 관계가 있을까? 어처구니없는 실수를 저지르고 그 실수를 자초했다고 생각하는 사람은 수치나 죄의식, 열등감 같은 전형적인 감정의 반응을 보인다. 체중을 줄이고 싶어 하지만 일요일에 실컷 자고 일어나 먹고 싶은 만큼 폭식을 한 사람은 곧 자신을 비난한다. "미련하게, 이렇게 많은 것을 다 먹어 치우다니 곧바로 체중이 늘어날 거야." 그리고는 "나는 정말 다이어트를 못 하겠어"라는 결론을 재빨리 내린다.

얼마 전에 한 의뢰인이 아주 전형적인 상황을 전해왔다. 이 사람은 걸핏하면 부모와 다투는 사람으로, 심지어 먼저 싸움의 빌미를 제공하는 때가 많았다. 어떻게 하면 아버지나 어머니가 화를 내는지 잘 알았기 때문이다. 자신이 유난히 기분이 나쁠 때는 부모에게 저열한 언사도 서슴지 않고 사용했다. 사실 부모와 잘 지내기 위해 어떤 태도를 보여야 하는지 그는 잘 알고 있었다.

한바탕 싸움을 벌인 다음, 그는 곧 자신을 비난하면서 자신의 태도를 단지 병적인 것으로만 치부했다. 자신을 비난하면 자신에게 짜증이 났고, 자신에 대한 분노는 다시 부모를 도발하는 결과로 이어졌다. 그는 부모에게 도발 → 양심의 가책 → 다시 부모에게 도발이라는 완벽한 악순환의 고리를 반복하고 있었다.

이처럼 우리 인간은 자신과 직접적인 관련이 전혀 없는, 그리고 아주 미미한 영향밖에 미치지 않는 행위와 감정, 생각 때문에 부끄러워한다. 하지만 이런 부끄러움을 느끼는 일은 전부 부질없는 짓이다. 왜 자신이 원인을 제공하지도 않는 뭔가에 부끄러워해야 할까? 만일 이런 생각을 할 수 있었다면, 내 의뢰인은 즉시 태도를 바꾸고 자신이 바라는 대로 부모와 다정한 관계를 유지했을 것이다. 그에게는 이런 행동 모형을 선택할 기회가 없었던 것이 분명하다.

수치와 죄의식은 사회적 감정으로서, 불안이나 분노 같은 직접적인 위험과 관계없이 집단의 소속을 보장하는 기능을 한다. 우리 인간은 수십만 년 동안 혼자서는 생존할 수 없었고, 집단과의 유대를 통해 생존해 왔다. 수치심과 죄의식은 무리에서 내쳐질 위험이 발생할 때 나타난다. 이런 상황을 피하기 위한 방어기제는 "남들은 나를 어떻게 생각할까?"라는 물음을 통해 통제된다.

남들이 나를 나쁘게 생각하는 것이 두려울 때, 우리는 부끄럼과 죄의식을 느낀다. 수치심에 얼굴을 붉히면 이것은 다른 구성원들에게 "본인의 잘못을 안다"라는 신호로 사용된다. 그러면 집단의 분위기는 한결 진정된다. 이런 감정을 드러내는 것이 과거 수천 년 전에는 의미가 있었을지 몰라도, 오늘날에는 대부분 불필요하다. 예를 들어, 무임승차를 하다가 적발되었을 때, 수치심이 무슨 의미가 있단 말인가? 부끄러워하며 얼굴을 붉혀도 아무도 알아주지 않고, 무임승차에 대한 요금을 무조건 지불해야 한다. 사법제도는 무임승차를 용인하지 않는다.

죄의식과 수치는 우리가 무가치한 행동을 했을 때 나올 수 있는 감정이다. 이런 반응이 의미가 있는 것은 앞으로 이런 행동을 반복하지 않는 데 도움을 줄 수 있기 때문이다. 하지만 죄의식과 수치에 대하여 이런 의미를 줄 수 있는 경우는 그리 많지 않다. 현대 사회의 인간은 의도적으로 누군가에게 손해를 입히고 거짓말을 하거나 사기를 치고 누군가를 속이기 때문이다.

오늘날 우리 인간이 수치나 죄의식과 싸우는 것은, 우리 자신이 실제로 잘못을 저질렀기 때문이 아니라 대부분 마음속의 목소리로부터 비난받기 때문이다. 내면의 목소리가 우리의 행동이나 개성 또는 전반적인 생활을 놓고 우리를 비난하기 때문에 우리는 수치심을 느끼게 된다. 수치심의 결과는 종종 자기 위축과 수동성으로 이어지고, 경직된 태도를 부를 때도 있다.

부끄러워 땅 밑으로 파고들고 싶다는 말을 들어봤을 것이다. 이는 수치심 때문에 눈에 띄고 싶지 않다는 뜻이다. 이때 사람은 외부에 대해 적극적인 태도를 취하지 못하고 차라리 숨고 싶어 한다. 수치와 죄의식 때문에 동기부여의 기회가 줄어든다. 금연을 결심했지만 실천을 못하는 것을 부끄럽게 생각하는 사람은 수치심 때문에 스트레스를 받아 금연하기가 더 힘들어진다.

자기 돌봄은 자신에게 불공정하게 대하지 않는 것을 의미한다. 하지만 의식적 또는 적극적인 동기가 아닌 뜻밖에 발생한 행동이나 감정에 대해서도 자신에게 죄를 씌우고 부끄러워하는 것이 우리 인간이다. 얼마 전에 문의 손잡이에 부딪쳐 몸에 멍이 든 것을 혹시 부끄러워하지 않았는가? 거센 바람을 맞아 눈물이 나서 화장이 망가졌을 때도 부끄러워하지는 않았나? 갑자기 방귀가 나왔을 때는 어떤가?

자신이 영향을 주지 않았거나 거의 줄 수 없는 뭔가에 대하여 자신을 비난하고 부끄러워하는 것은 공정하지도 못하고 의미도 없다. 이런 행동양식을 바꾸려는 노력은 우리에게 도움이나 해결책이 되지 못하기 때문이다. 이 이치를 알 때, 우리는 일상적으로 발생하는 일을 훨씬 편한 마음으로 바라볼 수 있다.

우리는 자신의 일정한 특징과 행동양식이 마음에 안 들 수도 있고, 원할 때는 이것을 바꿀 수도 있다. 다만 이것은 마음속의 자기 비난과 싸울 수 있기 때문이 아니라 실제 변화에 에너지를 집중할 수 있기 때문이다. 이런 행위에 대한 비난의 목소리가 없을 때, 혹시 겪을지도 모르는 좌절을 극복하기는 훨씬 쉬워진다.

잠시 시간을 내서 당신의 행동양식이나 특징 중에 어떤 것 때문에 부끄러운지 생각해 보자. 혹시 일상에서 자주 드러나는 일정한 성격적 특징이나 행동이 있는가?

,

그리고 당신이 이런 행동양식이나 특징에 얼마나 영향을 줄 수 있는지 알아보자. 당신이 미치는 영향력이 전혀 없는지, 거의 없는지 아니면 많은지를 판단할 수 있을 것이다.

그 때문에 당신이 자신을 비난하는 것이 정말 공정한가?

Chapter 04.

___

나에게 친절할 때
생기는 마음의 힘

관대해지기

이제부터 우리가 본격적으로 탐구할 자기 돌봄이란 친절하고 아주 너그럽게 감정이입을 하는 태도로 자신을 대하는 것을 의미한다. 우리가 유난히 좋아하는 사람을 대하는 태도와 비슷하다고 할 수 있다. 자신의 고통스러운 느낌을 안쓰러워하고, 불쾌한 감정을 받아들일 준비가 되어 있으며 이런 감정을 향해 자신을 개방하는 것이다.

이렇게 자신을 대하는 방식은 특히 주변 상황이 좋지 않을 때 바람직하다. 매사가 순조롭지 못할 때, 부부관계가 위기에 빠졌을 때, 뭔가 일이 자꾸 어긋나고 아플 때, 화가 나거나 당혹스러워서 어찌할 바를 모를 때, 사람에게는 곁에서 끈기 있게 들어주고 불쾌한 느낌을 공유함으로써 굳이 그런 감정을 숨기지 않아도 되는 상대가 필요하다.

우리는 대부분 외부를 향해 이런 기대를 품는다. 배우자나 부모, 친구들이 그런 역할을 해주기를 바란다. 물론 이들이 이렇게 해주기도 하지만 그러지 못할 때도 많으며 이때 우리는 화를 내거나 마음이 위축되며 상대에게 실망한다.

왜 우리는 자신도 스스로에게 그렇게 하지 못하면서 상대가 깊은 이해심을 가지고 나를 대해주기를 바랄까? 우리가 우리 자신에게 사랑스럽게 대하는 습관을 들인다면 이것이 훨씬 바람직한 해결책이 아닐까? 결국 인간은 언제나 자신이라는 존재와 더불어 사는 것이다. 자기 자신과 살갑게 교류하는 것이 주변 사람의 반응보다 더 큰 효과를 낸다는 것은 당연하다!

동시에 이런 태도는 타인으로부터 친절한 대접을 받기 위한 전제조건이기도 하다. 우리가 자신을 비판할 때, 타인의 칭찬이나 친절한 말은 결코 우리를 향하지 않을 것이기 때문이다. 이와 반대로 자신을 사랑스럽게 대하면 외부에서 비판을 받아도 크게 흔들리지 않을 수 있다. 하지만 안타깝게도 우리는 대개 자기 돌봄의 능력이 없고, 주변에서는 친절과는 거리가 먼 태도로 우리를 대한다. 이때 위기와 내면의 붕괴는 예정된 것이나 다름없다.

자기 돌봄을 경험하기 위해서는 다른 사람의 마음을 의식하는 것이 큰 도움이 된다. 잠시 시간을 내어 지금 그대로의 당신의 모습을 받아들인다고 느끼게 하는 사람이나 동물을 떠올려 보자. 아마 지금도 주변에서 계속 친밀함을 유지하는 사람이나 동물이 떠오를 것이다. 할아버지나 할머니, 선생님, 친절한 이웃 또는 가족의 친구나 이모, 삼촌 등 어린 시절에 함께했던 사람들이 떠오를 수도 있다. 이 연습을 위해서는 상상의 얼굴을 떠올릴 수도 있고 자애로운 신의 이미지가 있다면 신이나 종교 영역의 다른 형상을 생각해도 된다. 중요한 것은 당신이 이런 인물 또는 존재에게 받아들여지고 사랑받는다고 느끼는 것이다.

나의 경우, 이런 연습을 할 때는 할머니가 먼저 생각난다. 할머니가 주방 식탁에 앉아 우리 손자들이 하는 말을 끈기있게 깊이 이해하는 눈빛으로 들어주는 모습이 떠오른다. 그러면 나는 마음속 깊이 할머니가 나에게 보여준 애정을 느낄수 있었다. 나는 할머니가 나와는 다른 모습을 내게 원한다는 인상을 받은 적이 한 번도 없다. 할머니는 단순히 나를 위해 그 자리에 있었고 나를 위해서 한없이 많은 시간을 함께 보내줄 것 같았다. 나는 할머니 곁에서 꿈같은 여름날을 숱하게 보냈고, 그 시간이 한없이 좋았다.

최근에 어떤 사람이 자신의 할머니에 대한 말을 한 적이 있다. 그 할머니는 손자들에게 늘 "내 곁에 있는 아이들은 모두 사랑스럽다"라고 말했다는 것이다. 그 할머니는 자신과 함께 있는 손자들이 유난히 기특하다고 말하려고 한 것이 아니다. 할머니는 손자들 앞에서 자신의 사랑을 아이들이 이해할 수 있는 언어로 표현한 것이다.

당신은 어떤 인물 또는 어떤 존재가 생각나는가? 당신은 실제로 누구에게 받아들여진다는 느낌을 받은 적이 있거나 지금도 그렇게 느끼고 있는가?

,

이제 잠깐 시간을 내어 이런 사람 또는 존재의 호감을 생각할 때, 당신의 마음속에 떠오르는 감정을 느껴보라. 잠시 책을 옆으로 치우고 마음을 가라앉힌 다음 눈을 감아보자.

기분이 좋아지면서 경직된 몸이 풀리지 않았는가? 혹시 마음이 차츰 편안해 지거나 긴장이 이완되는 느낌이 들지는 않았는가? 마음속으로 고마움 또는 소속감이 떠오르거나 사랑의 감정에 깊이 젖는 느낌이 들지 않았는가?

,

이제 다시 시간을 내어 당신이 사랑하고 당신이 온전한 친절을 베풀 수 있는 사람이나 존재를 상상해 보자. 아마 배우자나 자녀, 손자, 부모 또는 함께 사는 동물이 떠오를 것이다. 이어 당신이 얼마나 그 사람이 잘되기를 바라는지, 만사가 순조롭기를 바라는지, 동물이 건강하고 평화롭기를 바라는지 마음속으로 상상할 수 있을 것이다. 또 마음속으로 "만사가 순조롭고 행복하기를!"이라는 말을 할 수도 있다.

그리고 마음속에 어떤 감정이 생기는지 음미해 보자. 잠시 눈을 감고 몸의 상태 변화를 느껴보자.

,

흥미로운 것은, 누군가 우리에게 공감하고 호감이 간다고 느낄 때나 우리가 다른 사람에게 공감과 호감을 가지고 대할 때 종종 같은 감정이 생긴다는 것이다. 자기 돌봄은 아주 특별한 감정과 결합하는데, 보통 부드러움, 관대, 온정이라는 세 가지 형태를 띤다. 때로는 몸에서 경쾌하고 유연한 느낌이 들기도 한다. 이런 느낌은 가슴이나 심장 부위에서 자주 나타난다. 이외의 다른 신체 부위에서 부드러움과 관대, 온정이 나타나기도 하고 몸 전체로 느낄 때도 많다.

이와 대조되는 감정은 경직, 편협, 냉정이다. 이런 감정은 우리가 질투심이나 탐욕, 차가운 증오, 복수심, 불안, 불신에 사로잡힐 때 감지된다. 우리가 어릴 때 보던 동화에서 마녀나 못된 계모를 무정하고 냉혹한 모습으로 묘사한 것을 기억할 것이다.

자기 돌봄이라는 개념은 비교적 최근에 등장했다. 불교의 가르침으로 거슬러 올라가는 돌봄은 다른 존재가 고통으로부터 자유로웠으면 하고 우리가 바라는 것을 의미한다. 미국의 심리학자인 크리스틴 네프Kristin Neff는 21세기로 접어들 무렵에 자기 돌봄이라는 주제로 최초의 논문을 쓰면서 전승된 불교의 지식을 심리학과 통합하는 시도를 시작했다. 네프는 자기 돌봄을 주로 다음 세 가지 기본 요소와 결부시킨다.

자기 돌봄의 3대 구성 요소

- **세심한 주의** 자신의 신체감각이나 생각 또는 감정을 주의 깊게 인지한다. 또 불쾌한 감각과 고통스러운 경험 앞에서 자신을 개방하고 그것을 외면하지 않는다.
- **공동의 인간적 경험** 모든 인간은 고통스러운 경험을 하고, 이런 경험은 인간의 속성이며 나 혼자서만 고통을 당하는 것이 아님을 인식한다.
- **자기 친절** 자신의 경험에 대해 자신을 비난하지 않으며 그 때문에 죄책감을 느끼는 대신 자신을 호의적이고 친절하게 대한다.

자기 돌봄에서 중요한 이 3대 구성 요소는 자신의 느낌에 대한 마음의 자세를 말해준다. 세 가지 요소가 모여 전체적으로 한덩어리가 된다. 세 가지가 모여야 일정한 형태를 이루고 어느 하나도 빠져서는 안 되기 때문에 삼각형의 형태를 띤다.

당신은 세심한 주의와 공동의 인간적 경험, 자기 친절 등, 이 3대 요소를 한 번의 연습으로 간단히 경험할 수 있다. 연습 삼아, 현재 느끼고 있거나 지금도 계속 분명히 기억하고 있는 힘든 감각을 찾아보자. 혹시 몸의 어느 부위에서 고통이

나 그 밖의 감각 이상을 발견했는가? 피곤하거나 긴장되거나 불안한 상태이지는 않은가?

,

첫 번째 구성요소인 세심한 주의는 아주 간단하게 자신의 느낌을 알아본다는 의미다. 잠시 시간을 들이면 당신의 마음이 지금 어떤 느낌인지 정확하게 파악할 수 있다. '세심한 주의'를 기울이면, 마음의 고통이나 신체적인 감각 이상을 인지할 수 있을 것이다. 과거나 미래의 특정한 사건을 생각하면 어떤 느낌이 떠오르는가? 시간적, 마음적 여유를 가지고 당시의 신체적 감각이나 감정을 인지해 보자.

,

당신은 이 경험으로 당신이 혼자가 아니라는 것을 알 수 있다. 다른 사람들이 경험하는 방식도 당신과 아주 비슷하다. 신체적인 감각 이상을 느낄 때는, 고통이 삶의 속성이라는 것을 생각해 보자. 불안이나 슬픔 같은 불쾌한 감정을 느낄 때는, 이런 감정은 누구에게나 낯익은 것이라고 자신에게 말할 수 있게 될 것이다.

당신은 다양한 감각이 사라지거나 변하기도 한다는 것을 알게 되면서 점차 자신을 친절하게 대하며 자기 돌봄을 할 수 있다. 주의를 기울여 마음속으로 자신을 비난하는지 안 하는지 확인해 보자. "지금 며칠이나 어깨가 경직되고 아픈 건 네 책임이야. 요가도 안 가고 어제는 하루 종일 꼼짝도 하지 않았지." 이런 목소리가 들릴 때는, 그 생각을 떨쳐버리고 대신 이런 신체적 감각을 느끼는 사람이 오로지 당신뿐이 아니라는 것을 깨닫고 호흡하면 한결 자기 돌봄에 가까워질 수 있다.

태도를
바꾸기

언뜻 자기 돌봄을 감정이라고 생각할 수도 있지만, 결국 '감정'이라는 단어도 개념의 일부다. 중요한 것은 우리가 자신이나 다른 사람을 대할 때의 마음 자세지, 감정이 아니다. 이때 문제가 되는 것은 어떤 행위가 아니라 그 행위 뒤에 숨어 있는 태도다. 행위만 봐서는 그것이 자기 돌봄에 따른 것인지 아닌지 알 수 없다.

규칙적으로 운동을 하는 것은 자신에게 아주 친절하게 대하고 자신의 몸과 긴밀하게 결합되어 있다는 자기 돌봄의 표현이다. 이때 신체적으로도 운동이 즐겁고, 온몸이 운동을 즐긴다는 느낌이 온다. 한편으로 운동을 하면서도 자신과 자신의 몸에 대해 아주 비판적인 태도를 취하는 목소리를 들을 수도 있다. '나는 무조건 최고의 컨디션을 유지해야 해, 그렇지 않으면 아무 쓸모도 없어'라는 내면의 비난하는 목소리에 귀를 기울이는 사람은 아마 언젠가는 무리를 해서 다치거나 운동을 하는 동안 몸이 즐거워하는 상태를 인지하지 못할 수 있다.

어떤 사람의 행동만 봐서는 그 의도를 알 수 없다. 길에서 어느 보호자가 갑자기 자기 아이의 팔을 잡고 옆으로 밀친다면 아이에 대한 분노의 표현일 수도 있지만, 아이를 위험으로부터 보호하기 위한 행동일 수도 있다.

따라서, 이 책에서는 어떤 행동을 바로잡는 조언이나 권고는 하지 않는다. "꾸준히 요가를 하라"거나 "자신을 소중하게 생각하라"라는 조언은 볼 수 없을 것이다. 요가를 하는 사람이 자기 돌봄을 위해 요가를 하는 것인지는 알 수 없기 때문이다. 임신 12주가 된 나의 요가 강사는 자신에게 익숙한 아사나(요가의 체위) 중 많은 것을 할 수 없고 몸이 제대로 따라주지 않는 느낌이 들어 요가를 중단했다는 말을 했다. 그에게 요가는 자기 돌봄보다는 성과와 관계된 것이었다. 그는 매일 일정한 훈련을 할 때는 자신이 강하고 성공적이라고 느꼈고, 그렇지 못할 때는 자신을 실패자라고 생각했다.

이런 이유로 이 책에서는 행동에 대한 조언이나 지침은 전달하지 않으려고 한다. 결국 중요한 것은 자기 돌봄으로 어떤 일을 올바르게 하는 것이다. 이 과정은 새로운 언어를 습득하는 것과 같으며 단순히 문장 몇 개를 암기한다고 되는 일이 아니다.

완전한 초보자가 잘못된 방법으로 언어를 익히려고 할 때, 문장을 암기한다. 예를 들어 "안녕하세요, 기차표 주세요"라는 말을 배운 초보자가, 외국에 가서 기차역의 매표구 앞으로 갔다고 가정해 보자. 이때 창구의 직원이 일반실을 원하는지 고속 열차를 원하는지 묻는다면 대화는 이어지지 못한다.

안타깝게도 많은 책에서 이렇게 제한된 조언을 제시하고 있다. 마치 일정한 행동을 하는 것이 곧바로 자기 돌봄의 감정으로 자신을 사랑스럽게 보는 것과 직결된다는 식이다. 그런 말을 절대 믿어서는 안 된다. 그런 조언은 당신 자신과 당신의 욕구를 인지하는 데 아무런 도움이 되지 않기 때문이다. 혹시라도 당신이 그들의 일방적인 충고를 이행하기에 실패한다면, 그에 대한 책임으로 다시 자신을 비난하게 되기 쉽다.

순수한 자기 돌봄은 자신에 대한 새로운 태도를 통해서 자라난다. 이 성장 과정에는 반드시 시간과 자발적인 태도가 필요하다. 자기 내면에서 생겨난 확신을 가지고 서서히 한 걸음 한 걸음 실천할 때, 자신에게 친절하게 대하는 과제를 순조롭게 진행할 수 있을 것이다. 이렇게 해야 이런 친절이 무엇보다 힘든 시기에 필요하고 보람이 있다는 것도 알게 된다. 동시에 무엇이 큰 도움이 되고 무엇이 도움이 안 되는지에 대한 인지능력도 점점 커진다.

자기 돌봄은 여러 단계를 거쳐 진행된다. 나는 한동안 스스로가 이미 자기 돌봄의 태도를 완전히 내재화했다고 착각한 적이 있다. 수년 동안 마음속의 비판적인 목소리가 차츰 조용해지더니 어느 날 거의 사라졌기 때문이다. 언젠가부터 '해야 했는데' 같은 생각이 대부분 그친 것이다. 그 상태에서, 무리를 하지 않고 지속적으로 일하는 방법, 나의 한계를 주목하고 인지하는 방법을 익혔다. 나는 친절한 혼잣말을 할 수 있었고, 마음속의 상처 난 부분을 호감과 수용의 태도로 대할 수 있었다. '드디어 내가 자기 돌봄으로 해냈어!'라고 생각했다.

하지만 그 뒤로 이런 판단은 착각이라는 사실이 드러났다. 내가 자신에 대한 비판적인 목소리를 거의 듣지 않게 되었다고 해도, 이것이 자신을 친절하게 대하는 것과는 다른 것이기 때문이었다. 나는 사실을 미화시키고 관심을 돌리는 방법으로 고통을 피했다는 것을 깨달았다. 산만한 자기 비난이 여전히 내 안에 있음도 확인했다. 마음속의 목소리는 더 이상 크게 들리지 않았지만, 달라지기 위해서는 계속 훈련해야 한다는 확신이 들었다.

자기 돌봄은 언젠가 도달할 궁극적인 목표가 아니다. 지금 이 순간부터 끝없이 지속적으로 자신에게 공감하는 일이다. 자기 돌봄은 지속적으로 쟁취하기 위해 접근을 시도하는 가치라고 할 수 있다. 이런 노력은 성공하기도 쉽지만 실패할 때도 많다. 아이의 부모라면 인내하는 태도로 자녀를 대하는 것을 목표로 삼아본 적이 있을 것이다. 아마 그 노력에 성공하여 보람을 느끼는 날이 가끔 있을 것이다. 하지만 내내 기다려 온 휴가를 앞두었을 때나 스트레스를 받은 날 퇴근 후에 자기도 모르게 아이에게 잔소리하게 되는 경우도 많다.

자기 돌봄을 목표로 생각하지 않는 태도가 중요하다. 이를 목표로 한다면, 자신에게 친절하게 대하지 못했을 때 자신을 비난할 위험성이 크기 때문이다. "나 자신에게 친절하게 대하는 것이 중요하다는 것을 알면서도 또 실패했네. 삶이 순조롭지 못한 것은 다 내 책임이야."

감정 시스템
파악하기

자기 돌봄은 감정 시스템, 특히 안전과 보호를 책임지는 신체 조직과 긴밀한 관계가 있다. 우리 몸에는 서로 다른 시기에 활동하는 감정 시스템이 세 가지 정도 있으며, 각각의 시스템은 우리 내면의 감각과 행위에 영향을 준다. 세 가지 시스템 모두 특정 호르몬의 분비를 수반한다.

첫 번째 감정 시스템은 '위기 시스템'이다. 누군가에게 위협을 느끼는 사람은 화를 내거나 불안을 느끼며 안전책을 찾는다. 이 위기 시스템은 위험에 대항하거나 거기서 도피하는 반응을 보임으로써 우리를 보호해 준다.

두 번째는 '호기심 시스템'으로 부를 수 있다. 사람은 뭔가 새로운 대상이 자신에게 다가올 때 적극적인 반응을 보인다. 장거리 여행을 앞두고 있거나 새로운 일자리를 구했을 때 또는 새 동네로 이사한 뒤, 처음 며칠간 혹은 몇 달 동안 이 시스템은 활발하게 운영된다. 이때 우리는 새로운 기운을 얻고 생동감을 느끼거나 완전히 새로운 상황에 몰두하기도 하며, 때로는 과잉 반응을 보일 수도 있다. 호기심 시스템은 우리에게 새로운 대상을 익히도록 재촉하면서 생존에 도움을 준다.

세 번째 시스템은 '안전 시스템'으로서 이 시스템이 자기 돌봄에 핵심적인 역할을 한다. 우리가 안전하고 보호받는다는 느낌을 받을 때, 만족과 행복의 감각이 나온다. 또 긴장이 풀리면서 마음속으로 해방감을 맛볼 수 있게 된다.

나는 이 세 가지 감정 시스템을 나와 같이 사는 개 모우나에게서 매일 관찰할 수 있다. 모우나는 조금 낯설어 보이는 대상, 예를 들어 청소 트럭과 마주치면 불안 상태에 빠진다. 이때는 꼬리를 숨기고 여차하면 도망칠 자세를 갖춘다. 그러다가 내가 아무렇지도 않다는 듯이 앞장서면 불안 상태는 서서히 가시고 호기심 상태로 바뀌어 그 미지의 대상을 탐색한다. 또 나와 함께 숲에 들어설 때 역시 모우나는 호기심 상태에 빠져 여기저기 냄새를 맡기도 하고 어떤 발자국이나 냄새를 흥분해서 따라가 보기도 한다.

모우나가 세 번째인 안전 상태로 들어가는 경우는, 온 식구가 안전한 보금자리에 모이는 저녁에 가족과 함께 벽난로 앞에 앉아도 되는 상황뿐이다. 이때는 바닥에 등을 대고 누운 채 배를 편안히 보이며, 자기 배를 우리가 만져도 내버려둔다.

이렇게 서로 다른 감정 시스템은 어느 하나에서 다른 상태로 두서없이 바뀌기는 해도 절대 동시에 작동하지는 않는다. 즉 우리는 불안 상태에 있거나 호기심 상태에 있거나 아니면 안전 상태에 있는 것이다. 사람의 행복을 위해서는 이 세 가지 상태가 적절히 섞일 필요가 있다. 세 가지 모두 인간의 생존에 필수적인 것이기 때문이다. 그 균형이 깨지면 심리적으로 힘들어진다.

예를 들어 트라우마의 경험 때문에 불안 상태가 지나치게 활성화되면, 마음의 안정을 찾지 못한다. 불면증이나 신체적인 과민반응이 나타날 수도 있다. 또 지나치게 호기심 상태에 빠져서, 일에 너무 열중하거나 마감을 맞추기 위해 밤늦도록 과로하면 언젠가는 기력을 잃고 탈진해서 심신이 망가질 것이다. 이 두 가지 경우에 안전 시스템이 작동하는 경우는 아주 드물다.

이제 마음속 '비평가'나 '독재자'의 목소리가 확실히 안전 시스템이 아니라 불안을 부르는 위기 시스템 혹은 가끔 호기심 시스템을 활성화시킨다는 것을 짐작할 수 있을 것이다. 과학자 중에는 서구 문명권에서 이 두 가지 시스템이 지나치게 활성화되어 있는 반면에 안전 시스템은 별 효과를 내지 못한다고 생각하는 사람이 많다.

우리가 여가 시간에 받는 스트레스나 휴가의 스트레스를 포함한 모든 형태의 스트레스는 불안이나 호기심과 관련된 시스템을 촉진한다. 자극 과잉, 쉴 새 없이 바쁜 일상도 마찬가지다. 매일 "나는 쉴 수가 없어!"라고 말하는 사람은 안전 시스템을 활성화하지 못하는 고통에 시달리고 있다.

자신에게 친절하게 대하고 다른 사람들로부터 따뜻한 관심을 받는 사람의 뇌 속에서는 아주 특별한 일이 일어난다. 그들의 뇌에서는 특정 호르몬, 무엇보다 호감 호르몬으로 알려진 옥시토신이 분비된다. 이 호르몬은 아이에게 젖을 먹이는 여성의 체내에서 많이 분비된다는 사실이 알려져 과거에는 수유 호르몬 또는 출산 호르몬이라고 불리기도 했다. 오늘날에는 이 호르몬이 성생활뿐 아니라 인간적인 친밀감이나 결속력에서도 큰 역할을 하는 것으로 알려져 있다.

이 호르몬을 코 스프레이 방식으로 누군가에게 투입하면, 그 사람의 다른 사람의 감정을 인지하는 능력이 향상된다. 그 결과 예를 들어 눈을 더 오래 맞추는 방식을 통해 대인관계를 훨씬 원활하게 만들 수 있다. 실험 결과, 옥시토신 수치가 높은 사람은 다른 사람들에게 호감을 가지고 친절한 서비스를 베풀며, 돈이나 자신의 물건 같은 것을 잘 빌려주는 것으로 확인되었다. 감정적인 측면에서 안전 시스템은 즐겁게 체험되는 감각을 수반한다. 기쁨, 안정, 평안, 휴식, 고마움, 보호받는다는 느낌이 이에 속한다.

자존심과
무가치함

불교 심리학에서는 2천600년 전부터 자신과 상대에 대한 친절이라는 개념이 존재한다. 서양의 심리학에서는 자존심이라는 개념에 집중적인 관심을 보였다. 이 주제를 다룬 책은 수천 가지이고 수많은 연구가 행해졌으며, 심리치료에서는 수십 년 전부터 자존심 강화가 중요한 성취 목표의 하나가 되었다.

미국이나 독일어권의 학교나 회사에서는 자존심 강화 프로그램이 일반적으로 행해진다. 공격적 태도나 나쁜 학교 성적, 중독성 습관, 부부 문제 역시 자존심 결여에 원인이 있는 것으로 간주했다. 반대로 자존심이 강한 사람은 주변 환경에 적응을 더 잘하며 전반적으로 더 호감이 가는 사람이라고 생각했다.

자신의 특징에 대한 진술을 바탕으로 자존심이 강한지 약한지 파악하는 다양한 문항이 있다. 다음은 그런 자존심 파악 문항에서 발췌한 개인적인 평가의 일부다.

- 다른 사람보다 우수하다는 것이 나에게 자긍심을 준다.
- 나는 훌륭한 특징을 많이 가지고 있다고 생각한다.
- 나는 대부분의 다른 사람들처럼 일을 잘 처리할 수 있다.
- 학업 목표를 달성하면 자긍심이 생긴다.
- 나는 내가 높은 평가를 받는 사람이며 적어도 다른 사람들과 같은 수준이라고 믿는다.

이 문항을 보면 자존심은 본인이 바라는 일정한 특징이 있고, 다른 사람과 비교할 때 돋보이며, 남들에게 높은 평가를 받는다는 사실과 관계가 있다. 여기서는, 무엇을 할 수 있고 자신이 하는 일을 얼마나 잘하며 남들이 자신에 대하여 어떻게 생각하는지가 중요하다. 이런 특징은 다양한 영역과 관계를 맺으며, 특히 경쟁력이나 신체적인 매력과 관계가 있다.

게다가 자존심은 물질의 소유나 부와 긴밀한 관계가 있다. 비싼 자동차나 새 스마트폰, 호화로운 휴가 같은 것이 강한 자존심 형성에 전적으로 기여한다. 반대로 실직, 부채, 사회 취약층 선정 등은 자존심 결핍으로 연결될 수 있다.

나는 앞에서 단지 이웃들에게 휴가를 간 것처럼 보이려고 2주 동안이나 지하실에서 숨어 지낸 부부 이야기를 한 적이 있다. 직장을 잃었다는 이유로 자살을 시도하는 사람도 드물지 않다. 자녀가 좋은 학교에 다니지 않거나 우수한 성적을 받지 못할 때 열등감을 느끼는 부모도 있다.

미국에서 대학생을 대상으로 실시한 한 연구에서는 자존심이 다른 사람의 평가와 무관하다는 대답을 한 응답자가 전체의 4퍼센트라고 보고되기도 했다. 나머지 96퍼센트는 극단적으로 말해서 남들이 나를 멋있다고 보면 나도 내가 멋있다고 생각한 것이다. 그러면 남들이 나를 멋이 없다고 판단하면 그때는 어떻게 된다는 것일까?

나 역시 오랫동안 이런 개념 기준을 크게 의심하지 않았다. 나는 오래 심리치료 일을 해오며 심각한 심리적 질환 때문에 사회적으로 자신이 바라는 역할을 하지 못하는 의뢰인을 많이 만났다. 학교에 제대로 다니지 못해 유급당한 청소년, 직업을 얻을 의지도 생각도 없어 젊은 나이부터 연금을 받는 사람, 배우자나 가족이 없어 비참해 하며 혼자 사는 사람이 많았다. 보호 작업장에서 일하는 선천적인 장애인, 기본 노령 연금에 생계를 의존하는 사람, 40세부터 낡고 좁은 집에서 지내는 사람은 자존심이 결핍될 수밖에 없다.

내 의뢰인들도 스스로의 가치를 의심한 경험에 대한 애기를 했다. "나는 아무 쓸모도 없어요"라거나 "누가 나 같은 사람과 관계를 맺으려고 하겠어요?"라고 말하는 사람도 있었다. 나는 오랫동안 본질적인 문제점이 비인간적인 자존심 개념에 있다는 사실을 알지 못했다. 나는 의뢰인의 자존심을 키워주려고 했다. 의뢰인에게 보호 작업장에서 하는 활동도 가치가 있으며 자신이 하는 일에 자부심을 가지라고 독려했다. 그런 말을 하면서도, 마음속으로는 실제로 그 일에 자부심을 가지는 것이 가능하지 않을 것이라고 생각했다. 만일 내가 장애인을 위한 보호 작업장에서 1유로도 안 되는 시급을 받으며 일해야 한다면, 마음이 어떻겠는가? 누구나 나의 의뢰인들처럼 열등감이나 사회적으로 따돌림받는다는 느낌을 받을 가능성이 크다.

휴가를 갈 수 없을 때 자신을 지하실에 유폐시키는 것과 직업 세계에 참여할 수 없을 때 열등감을 느끼는 것, 직장을 잃었을 때 자살을 기도하는 것, 이런 것은 인간의 가치를 경쟁력과 결부시키고 상호 비교를 조장하는 시스템의 결과다.

자존심은 '쾌청한 날씨의 개념'이다. 만사가 순조로울 때 자존심은 최고조에 이른다. 하지만 프로 선수를 목표로 어릴 때부터 열심히 해 온 운동을 더 이상 할 수 없다면 어떻게 될까? 젊었을 때 매력으로 사람들을 사로잡던 외모가 서서히 늙어가면서 더 이상 타인의 선망하는 시선을 받지 못하게 된다면 어떨까? 강한 자존심과 자부심이 열등감으로 바뀔 것이다.

자존심 개념의 수혜자는 일이 잘 풀린 사람들이다. 이들은 강한 자존심을 떠받드는 사회에서 당연히 더 쉽게 자존심을 키워 간다. 이와 반대로 별로 인생에서 승리할 일이 없는 사람은 스스로를 무가치하게 느끼고 그 결과 삶의 많은 부분이 점점 힘들어진다.

자기 돌봄의
시선

심리치료의 세계를 기웃거리는 사람 모두가 깨닫는 가르침이 하나 있다. 바로 사람은 모름지기 자기 자신을 사랑해야 한다는 메시지다. 결국 이 메시지는 자신을 사랑하지 못해서 일이 잘 안 풀리고 있으며, 자기 자신도 사랑하지 못하니 다른 사람의 호감을 받지 못하는 것은 본인 책임이라는 것이다. 자기애가 없으면 되는 일이 없다는 식이다.

하지만 자기애를 가진다면 모든 일이 잘 풀릴까? 자신이 모든 점에서 훌륭하고 가치 있다고 생각하고 그것을 분명히 깨달으면 그게 자기애로 향하는 길일까? 자신의 강점을 하나하나 적으면 자기애가 생길까? 거울 앞에 서서 본인을 바라보며 소리를 내어 "나는 아름답다", "모두가 나를 좋아한다"라고 선언하면 자신이 사랑스럽다는 느낌이 계속 강화될까?

수많은 심리 전문가마다 자기애를 성취하는 최선의 방법을 수십 가지씩 알고 있을 것이다. 그들의 머릿속은 자기애에 대한 해결책으로 가득 차 있다. 문제는 그 방법이 통하지 않는다는 것이다. 사람이라면 거의 누구나 자신이 지닌 특징 중에 정말 마음에 들지 않은 부분이 있다. 최면, 심층 암시, 단언 훈련을 받는 사람도 자신의 비만, 기억력 감퇴, 분노조절장애라는 성향에 질린 상태다.

자기애가 중요하다는 것은 알지만 그것을 실현하지 못할 때, 사람은 다시 자신에게 잘못을 추궁하게 된다. 사람의 이성, 다시 말해 마음속의 불평하는 목소리는 거기서 자신에게 책임이 있다는 결론을 내리기 때문이다. 그러면 궁극적으로 자기애를 획득하기 위해 충분한 노력이나 자기 단련을 하지 않게 되는 악순환을 반복하게 된다. 이런 과정의 결과는 명백하다. 자신에 대한 사랑이 더 약해지는 것이다. 결국 비만이라는 질병에 시달리면서도 한편으로는 비만을 혐오하는 자신을 비난하게 된다.

만약 어떤 질투심을 느끼지만 동시에 그 질투심에 거부감이 들 때, 우리는 다양한 전략을 동원해 질투심을 떨쳐내려고 한다. 이런 목표를 달성하기 위한 메커니즘은 이미 내면에 갖춰져 있다. 예를 들어 자신에게는 이런 특징이 전혀 없다고 자신을 설득하거나("뭐? 내가 질투를 해?") 그것을 상대에게 투사하는 방법이 대표적이다("사실 질투라면 내 배우자가 전문가지. 도대체 나에게 숨 쉴 공간을 주지 않잖아").

우리가 자신의 모든 점을 사랑할 필요는 없다! 자신의 모든 면을 좋고 놀라운 특징으로 생각하는 태도는 필요하지 않다. 이 사실을 알면 마음이 편해지고 해방감을 느낄 것이다. 사람마다 누구나 자신의 마음에 들지 않는 특징과 유익한 특징을 가지고 있기 때문이다.

독특한 탐욕이나 질투심, 복수심, 자기중심, 초조, 끊임없이 반복되는 불만, 비겁함, 절망, 억누를 수 없는 공포심 등의 특징을 좋게 볼 합리적인 근거는 없다. 이런 특징을 좋아할 필요는 없으며 그것을 좋아하지 않는다고 해서 스스로를 해치는 것도 아니다. 이런 감정이나 특징을 바꾸고 싶어 하는 것은 지극히 정상이며 건강한 태도이기도 하다.

자기 돌봄은 자신의 특징이나 감각에 대해 전혀 다른 시각을 제공한다. 만약 코가 너무 긴 사람이 있다면, 그것을 좋아할 필요도 없고 그런 특징과 자신을 동일시할 필요도 없다. 자신의 모든 특징을 멋있다고 생각할 필요는 없으며 마음에 들지 않는 특징 때문에 자신을 비난하거나 한탄하거나 자신에게 책임을 씌우지 않는 것으로 충분하다. 이럴 때 수치와 열등감은 옅어진다. 끊임없이 잔소리를 늘어놓는 마음속의 목소리도 조용해질 것이다.

우리가 받아들여야 할 마음의 자세는 "나는 모든 면에서 아주 멋있어!"가 아니다. 그 대신 "모든 인간에게는 결점이 있다. 내가 나의 모든 면을 좋아하지 않을 수는 있다. 나의 현재 상태는 내 책임이 아니다. 그럼에도 불구하고 나는 내 삶에 방해가 되는 특징을 변화시키려고 노력할 수 있다"여야 한다.

친절의
효과

우리는 이제 자신에게 친절하게 대하고 공감하는 태도로 자신을 받아들일 때, 내면에서 어떤 현상이 벌어지는지에 대하여 많이 알게 되었다. 오랫동안 과학계에서는 자기 돌봄에 대한 연구가 제대로 이루어지지 않았다. 최근까지도 이 분야가 본격적으로 인정받지 못한 것은 이런 마음가짐을 다소 종교적으로 간주하는 경향 때문이었다. 하지만 그사이에 연구 분야에서 절대적인 인기를 끄는 주제로 변했기 때문에[2] 요즘에는 자기 돌봄의 효과를 입증하는 연구물이 수없이 쏟아져 나온다.

  아마 다양한 연구를 통해 자기 돌봄에서 가장 중요한 효과로 입증된 것은, 자신에게 불친절한 경향이 있는 사람보다 자기 돌봄의 태도로 자신을 대하는 사람이 우울증과 불안장애에 덜 시달린다는 사실일 것이다. 전체적으로 자기 돌봄을 하는 사람은 삶의 도전적 상황을 감당하는 능력이 더 뛰어나다.

자기 돌봄의 태도는 자신에 대한 비난을 줄인다. 다시 말해 마음속 불평하는 목소리의 활동이 줄어든다. 이 현상은 자신에 대하여 번민하지 않는 결과로 이어진다. 어떻게 하면 남들보다 잘할지, 예를 들어 조금 전 회사 동료와 대화할 때 친절했는지 아니면 다시 말실수를 한 건 아닌지 되새기는 생각을 덜 한다는 말이다. 번민이 줄면 심리적인 위기에 빠질 확률 역시 줄어든다.

당신이 체중을 몇 킬로그램 줄이고 싶거나 금연을 하고 싶거나 규칙적으로 조깅하고 싶다면, 자기 돌봄이 효과가 아주 뛰어나다는 말을 해주고 싶다. 이 방법으로 당신이 목표를 달성할 가능성이 훨씬 높아질 것이다.

체중을 줄이고 싶은 사람이 자기 돌봄에 익숙하지 않을 때 사소한 실수에 대해서도 자신을 더 자주 비난한다는 사실이 여러 연구로 이미 입증되었다. 이런 자기 비난은 불편한 감정을 낳고, 다시 좌절감으로 인해 음식만 보면 달려드는 악순환으로 이어질 수 있다. 하지만 자신을 친절하게 대하는 사람은 끈질기게 참는 것이 훨씬 쉽기 때문에 당연히 체중을 줄이기 수월해진다.

비슷한 현상은 흡연자를 대상으로 한 연구에서도 입증되었다. 한 실험집단은 자기 돌봄과 금연에서의 문제점을 떠올리는 법을 배웠고, 두 번째 집단은 의지력만으로 금연을 하도록 했다. 그 결과 자신에게 친절하게 대하는 집단이 의지력으로 금연을 시도한 집단보다 훨씬 쉽게 금연에 성공했다.

자존심과 자기 돌봄의 효과가 다르다는 것도 흥미롭다. 자존심이 강한 사람은 나르시시즘과 자기 과대평가의 경향이 있으며 외부의 비판에 대하여 자신을 비난하기보다 적대적인 태도로 거부감을 드러낸다. 자존심이 강하면 자신을 특별하고 남들과 다른 존재로 분리해서 보게 된다. 이와 반대로 자기 돌봄은 다른 사람들과의 유대감을 활성화한다. 자기에게 친절한 태도를 가지면 다른 사람과 타협할 능력이 생기고 자신의 실수에 대하여 책임을 인정할 수 있게 된다.

,

이제 이 책의 1부를 마치려고 한다. 1부에서 우리는 우리가 얼마나 자주 자기 비난을 하며, 스스로의 가치를 의심하는지 확인했고, 자기 비난과 의심에서 벗어나는 데 큰 도움이 되는 자기 돌봄이라는 개념을 익혔다. 2부에서는 일상적으로 자기 돌봄을 실천할 수 있는 방법을 본격적으로 다룰 것이다.

제2부

자기 돌봄을 위한
일상의 기술

SEI NICHT
SO HART
ZU DIR SELBST

Chapter 05.

비난의 목소리를
멈추는 법

비난의 목소리를
인식하기

자기 비난을 멈추기 위한 첫걸음은 우선 철저히 이 존재를 의식하는 것이다. 우리는 본인이 자신을 비난한다는 사실을 전혀 모를 때가 많다. 이 비난의 목소리를 평생 마음속으로 들어 왔고, 나이에 따라서는 20년이나 30년, 때로는 60년이나 지속되었기 때문에 자기 비난을 인식하기는 힘든 일이다.

당신이 태어난 뒤로 낡은 냉장고에서 윙윙거리는 소리를 계속 들으며 자랐다면, 그 소음을 의식하기 힘들 수 있는 것과 마찬가지다. 당신이 이 소음을 의식하지 못하는 까닭은 아마 이 소리와 집을 절대 떼어놓고 생각할 수 없기 때문일 것이다. 그러다가 누군가 집에 온 손님이 "이 집에서 나는 이상한 소리는 뭐죠?"라고 물으면 당신은 "무슨 말씀인지, 제 귀에는 아무 소리도 들리지 않는걸요"라고 대답할 수 있다.

나는 흔히 불평하는 목소리에 대한 인식을, 두 가지 방법으로 읽을 수 있는 착시 그림과 비교한다. 그런 그림을 보는 사람은 처음에는 한 가지 모습만 인식한다. 처음에는 꽃병으로 보인 그림이, 각도를 다르게 해서 봤더니 두 개의 사람 옆얼굴로 보이는 식이다. 얼굴은 처음부터 그림에 있지만 각도에 따라 처음에 바로 인식하지 못한다.

자신에 대한 비판적인 평가도 처음에는 전혀 의식하지 못할 때가 많다. 본인은 자신을 향해 친절한 말을 한다고 확신하는 사람 역시 실제로는 자기 비난의 목소리를 경험하는 경우가 많았다. 그들은 다른 각도에서 그림을 보듯 자신을 돌아봤을 때, 마음 한구석에서 얼마나 자신에 대하여 비판적으로 가혹한 말을 하는지를 알고 깜짝 놀라며 왜 그때까지 그것을 몰랐는지 의아해한다. 마음속의 목소리는 위장을 잘하기 때문에 세심하게 살펴야 한다.

최근에 나는 명상을 하다가 이 현상을 직접 경험했다. 명상하는 자리에 앉아 내 감정을 느껴보려고 했지만 인지할 수 없었다. 대신 여러 가지 신체감각만 인식되었고, 계속해서 갖가지 생각과 형상이 떠올랐다. 꽤 시간이 지난 다음 나는 마음속에서 지금은 감정을 인지할 수 없다고 평가한다는 것을 깨달았다. "너는 정신이 아주 말짱해. 아무리 명상해도 달라질 건 없어." 명상할 때만큼 정신이 깨어 있고 인지가 잘될 때는 없는데, 명상을 할 때조차도 나 자신의 부정적인 평가를 인지하기까지는 꽤 오랜 시간이 걸린 것이다. 그러니 평소에는 어떻겠는가?

자기 비난은 순간적으로 자기 생각에 온전히 집중할 때 뒤를 추적하기가 가장 쉽다. 지금 내 자신을 비난할 만한 사건이 있는가? 사소한 실수는 언제나 있기 마련이다. "왜 다시 긴장했지? 이제 천천히 심호흡을 해 보자", "지금 눈앞에 보이는 혼란을 언제 다시 정리하면 좋을까?", "이제 곧 저녁인데 너는 계획한 일 중에 거의 아무것도 해내지 못했다" 등등.

시간을 가지고 이처럼 끝없이 이어지는 생각에 정신을 집중하라. 정말로 당신 자신을 비난할 만한 무언가가 있는가?

,

우리는 누구나 쉽게 자신과 타인을 비난하고 평가하고 있기 때문에, 당신도 똑같이 그렇게 하면서 자신을 실제로 인식하지 못한다는 사실에서 출발해야 한다. 다시 시간을 가지고, 있을지도 모른 비난의 목소리를 추적해 보자. 당신의 몸과 관련된 평가가 있는가? 아니면 당신의 성격에 대한 평가가 있는가? 당신이 지금까지 한 일, 이루지 못한 계획에 대한 것인가? 또는 생활 습관에 대한 내용인가?

,

자신의 일상에 대하여 더 많은 인식을 경험하려는 사람이 늘어나고 있다. 이때 중요한 것은 어제나 내일에 집착하지 않고 현재의 순간에 집중하는 것이다. 사람의 불안정한 정신은 거의 자동으로 뭔가를 평가하고 있다. 아마 정신은 그것을 하지 말아야 한다는 생각을 하지 못하는 것 같다. 그렇기에 우리가 자신에 대해 평가하지 말라는 요구를 하는 순간, 자동으로 자기 비난으로 연결되는 덫에 빠지게 된다. 어쩔 수 없는 좌절과 악순환이 반복된다. 우리는 자신을 평가하고 그에 따라 자신을 비난하는 모습과 끝없이 마주치게 된다('평가하면 안 된다는 것을 알면서도 방금 또 평가했어').

우리는 뭔가를 거부하거나 떨쳐버리려고 할 때면 언제나

우리를 방해하는 것에 더 단단히 묶이기 쉽다. 반대로 비난하는 태도를 다시 비난하지 않을 수 있다면, 비난은 공허해지고 진정된다. 이 경험을 반복하면, 자신과 타인에 대한 비난은 지극히 정상적이라는 사실을 깨닫게 된다. 누구나 이런 비난을 하는 것은 비난이 인간 정신의 자연스러운 기능이기 때문이다.

공감을 위한
두 가지 연습

자신과 타인에 대한 지속적인 평가는 모든 대인관계에서 기본적인 역할을 한다. 이런 이유로 나는 자기 자신을 대할 때 공감을 촉진하는 데 도움이 되는 두 가지 연습을 소개하려고 한다. 이 연습은 각각 하나의 질문으로 이루어지는데 이것은 고전적인 의미의 질문이라기보다 인지 훈련과 자기 탐색의 형태에 가깝다 첫 번째 훈련은 자기 비난의 성향과 연결된 것으로, 다음 질문으로 시작한다.

"나는 나 자신을 비난하는가? 그렇다면 무엇 때문에 비난하는가?"

이 물음을 아주 진지하게 받아들인 다음, 충분한 시간을 가지고 이 순간 뭔가에 대하여 자신을 비난하고 있는지, 안

하는지 알아내는 것이다. 이 훈련을 위해 잠시 눈을 감고 좀 더 정확하게 감지해 보기를 추천한다. 눈을 감고 마음속으로 질문을 던져보자.

"나는 나 자신을 비난하는가? 그렇다면 무엇 때문에 비난하는가?"

하루의 어느 시간, 잠깐 일을 완전히 멈추고 자신을 뒤돌아본다면, 당신은 언제 어디서나 자기 비난을 한다는 것을 알고 분명히 충격을 받을 것이다. 지속적으로 우리를 불안하게 만드는 작은 일상적 비난의 목록은 아래와 같다.

- 식기세척기를 아직도 비우지 않았다.
- 동료에게 불친절했다.
- 오늘 오전의 여가 시간을 제대로 활용하지 못했다.
- 벌에게 쏘인 것은 내 잘못이다.
- 또 인터넷서핑을 너무 오래 했다.

- 운동을 또 하지 않았다.

- 손톱을 물어뜯었다.

- 아이들과 있을 때, 더 차분하게 대하지 못했다.

- 아직도 기부금을 보내지 못했다.

- 겁이 너무 많아 새로운 일자리를 적극적으로 구하지 못한다.

- 내가 인간관계를 잘 맺지 못하니 우리 커플 사이에 금이 간 것도 이상할 것이 없다.

- 어제 너무 늦게 잤기 때문에 오늘 또 피곤하다.

- 그리고 또 그리고…

위의 예시와 당신 내면의 목소리는 몇 개나 비슷한가? 당신은 분명히 몇 가지에 해당할 것이며 어쩌면 저절로 다른 경우가 생각날지도 모른다. 이 훈련의 흥미로운 점은 이 자체만으로도 효과가 발생한다는 것이다. '자기 비난'을 의식하기만 해도 비난이 약화한다는 말이다.

첫 번째 연습인 '비난을 인식하기'로 비난을 인식했다면, 두 번째 연습을 곧바로 시작할 수 있다. 두 번째 연습은 자신에게 친절한 말을 하기이다. 자신에게 친절한 말을 하는 데 성공한 사람은 시간이 지나면서 완전히 자기 비난에서 해방

될 수도 있다.

여기서 마음속으로 친절한 말을 한다는 것은 자신을 비난할 이유가 없다는 것을 깨닫는 과정을 의미한다. 대부분의 자기 비난은 사실 별 의미가 없는 하찮은 것과 연결되어 있다. 우리가 자기 비난을 의식할수록, 그리고 자신에 대한 공감이 클수록 비난은 힘을 잃는다.

이 훈련은 빈도를 높일 때 특히 효과가 좋기 때문에, 가장 좋은 것은 하루에 여러 번 반복하는 것이다. 물론 하루에 여러 번 자기 비난을 인식하려고 해도 일상적인 하루를 보내며 그 사실을 잊기 쉽다. 이 경우에는 이 훈련을 기억나게 해주는 보조수단을 사용할 수 있다. 예를 들어 표를 만들어 붙이거나 휴대전화를 이용해 기억을 일깨울 수 있다. 스마트폰 사용자라면 알람 앱을 활용할 수 있다. 하루에 이 연습이나 다른 집중력 훈련을 몇 번이나 하고 싶은지에 따라 알람을 설정하면 간단히 해낼 수 있을 것이다.

이제부터는 이 책에서도 그런 기억 보조 장치를 제시하려고 한다. 앞으로 계속 이 훈련을 집어넣어 잠깐씩 하던 일을 멈추고 자기 비난에 대한 물음을 제기하도록 요구할 것이기 때문이다. 책을 읽으면서 이 연습을 반복하면 단순히 자기 돌봄에 관한 책 한 권을 읽을 뿐만 아니라 읽는 동안 마음속의 비평가와 거리가 생기고 자신을 더 친절하게 대하기 시작할 수 있다. 자기 비난을 주목하고, 그것은 내면의 목소리에 지나지 않는다는 것을 인식하라.

"나는 나 자신을 비난하는가? 그렇다면 무엇 때문에 비난하는가?"

생각의 융합에서
벗어나기

우리 내면의 목소리는 자신의 태도와 인격에 대한 언급을 멈추지 않는다. 그 일이 목소리의 본업이며, 목소리는 대부분 휴가를 가는 일도 없고 잠시 화장실에 갈 틈도 없이 이 일에 매달리고 있다. 하지만 우리는 마음속 목소리와 거리를 두는 것이 건강에 이롭다는 것을 이제는 안다.

마음속 비난과 불평의 목소리는 단순히 우리 자신과 무관한 내면의 메커니즘이 작동하는 것이라는 것을 분명히 깨닫고 그것을 사실로 여길 필요가 없다는 것을 알기만 하면 된다. 그 말을 믿지 않는 것이 중요하다. 그리고 이 목소리가 진실과는 아무 관계가 없고 단순히 오래된, 보통 아주 예전에 들은 적 있는 부모님의 메시지나 다른 가까운 사람들로부터 시작된 프로그램이라고 생각하면 된다.

이렇게 내면과 거리를 두는 것을 어떤 생각과의 융합이 해소된다는 의미의 전문용어로 '탈 융합Defusion'이라고 한다. 사람은 자기 생각과 자신을 동일시하거나 그 생각에 융합될 때가 많다. 마음속의 불평하는 목소리가 "어차피 너는 그 일을 못해"라고 말하면 우리는 이 말을 믿고 노력을 그만둔다. 이때는 그 목소리와 융합하는 대신, 오히려 반문을 해야 한다. "못한다는 걸 어떻게 알아?

우리가 광고를 볼 때를 생각해 보면 쉽다. 광고에서 새로 나온 샴푸가 좋다는 말을 들었다고 해서 바로 가까운 마트에 가서 그것을 구입해 머리를 감는 사람은 없다. 우리는 광고에서 하는 말을 곧이곧대로 믿지 않으며, 비싼 샴푸로 머리를 감는다고 해서 즉시 두피나 모발에 효과가 있으리라 기대하지 않는다.

내가 어느 의뢰인에게 이렇게 예를 들어 설명하자, 이 사람은 자신의 집에서는 그렇지 않았다고 말한 적이 있다. 1970년대 초반, 그 의뢰인의 부모는 텔레비전 광고를 보면서 다음에 마트에 가면 구입할 제품의 목록을 만들었다는 것이다! 요즘도 그런 일이 벌어질 가능성이 없지는 않다. 광고를 잘 믿는 사람은 마음속에서 수다스럽게 지껄이는 소리도 잘 믿는다.

지구는 둥글지 않고 평평하다는 사실을 우리에게 설득하려는 사람을 만났다고 가정해 보자. 그 말에 대해 우리는 어떤 반응을 보일까? 아마 잠깐은 겉으로라도 정중하게 그 말을 들어줄 것이다. 하지만 지구가 실제로 평평하다는 사실을 진지하게 검토해 볼 생각은 들지 않을 것이다. "정말로 나도 한번 진지하게 생각해 봐야겠어요"라고 말할 사람은 거의 없을 것이다. 우리는 지구가 평평하지 않다는 것을 분명히 알고 있으며, 자신의 지식을 100퍼센트 확신하기 때문이다.

우리가 생각의 융합에서 벗어날 때, 바로 이렇게 100퍼센트의 확신을 얻게 된다. 마음속의 목소리에서 벗어나면, 생각을 인지하기는 하지만 그것이 옳지 않다는 것을 아주 정확하게 알게 된다. 물론 이런 작용이 자기 비난에서 벗어나는 훈련의 초기 단계에서부터 가능한 것은 아니지만, 훈련할수록 내면의 비판적인 목소리를 차츰 흘려들을 수 있다.

"내가 나 자신을 비난하는가? 그렇다면 무엇 때문에 비난하는가?"

보호의 목소리
이해하기

마음속의 비판적인 목소리에 시달리는 사람은 당연히 그 소리를 피하고 싶을 것이며 귀찮게 잔소리를 늘어놓는 존재의 입을 막고 싶은 마음이 간절할 것이다. 역설적으로 들릴지 모르지만 그런 존재를 대할 때, 처음에는 친절한 태도를 보여야 한다. 앞에서 말한 것처럼, 목소리는 위험과 각종 위험으로부터 우리를 보호하려고 하는 것이다. 좋은 의도에서 시작된 셈이다.

또한 내면의 목소리는 우리 자신의 일부이므로 거기에 맞서 싸우면 우리 자신과 싸우는 것과 마찬가지다. 비난은 전체적인 거부감과 분노의 에너지를 만들어낸다. 우리가 누군가에게 화를 낸다면, 그 사람의 일부에게만 화를 낼 수는 없다. 마찬가지로 우리는 자신의 한 부분만 비난하고 나머지 부분을 친절하게 대할 수 없다. 목소리의 일부에 대한 싸움은 모두 자신 전체에 대한 싸움이 된다.

수많은 연구는 우리가 상습적인 불평꾼과 맞선 싸움에서 이길 수 없다는 증거를 찾아냈다. 자기 생각과 싸우는 사람은 그 생각을 약화시키기보다 오히려 강화시킨다. 따라서 생각을 억압해서는 안 된다. 전문가들은 다른 활동을 통해 그 생각에서 벗어나거나 의도적으로 다른 생각을 만들어 낼 수 있다고 말한다.

과거에는 심리치료에서도 이런 방법을 사용했다. 하지만 이 방법은 억눌린 생각이 쉽게 힘을 얻는다는 사실이 알려져 폐기되었다. 어떤 경우에도 술을 떠올리고 싶지 않은 알코올 중독자는 단기적으로는 이 생각을 떨쳐버릴 수 있겠지만 장기적으로는 술에 대한 생각이 더 강화된다.

이는 마치 우리가 맞은편에서 문을 미는 누군가를 방안에 들이고 싶지 않을 때, 상대방을 향해 문을 미는 것과 같다. 우리는 단기적으로 상대가 방에 들어오지 않게 막을 수는 있겠지만 계속해서 문을 밀고 있을 수는 없다.

우리는 살면서 언제 어디서나 이런 원리와 마주친다. 우리와 싸우는 대상이 약해지는 것이 아니라 오히려 강화되는 이치 말이다. 이스라엘과 팔레스타인이 벌이는 중동의 분쟁을 보면 잘 알 수 있다. 한쪽이 다른 쪽을 공격한다. 이 공격은, 공격 받은 쪽이 나중에 공격한 쪽을 먼저 공격할 때의 정당한 명분이 되어준다. 이런 식으로 두 국가의 갈등은 오래전부터 끝없이 이어지고 있다.

또 다른 전형적인 예로는 항생제를 늘리는 병원을 들 수 있다. 항생제 투여를 늘린 환자는 여러 항생물질에 내성이 생긴, 이른바 다내성 세균이 늘어난다. 무한하게 항생제를 늘리다가, 결국은 어떤 항생제를 써도 통하지 않게 되는 것이다.

바로 이 같은 원리가 우리 몸 안에서도 작용한다. 우리가 떨쳐버리려고 하는 모든 것은 바짝 붙어서 우리를 따라온다. 마음속의 비판적인 목소리와 맞서 싸우는 대신, 우리는 어린애를 대하듯이 그 목소리를 대할 수 있다. 마음속의 귀찮은 존재를 향해 이렇게 말하는 것이다. "네가 나를 도와 위험에서 구출하려고 하는 것을 나도 알아. 우리 모두에게 좋은 것이 네게는 중요하니까 그런 수고를 하고 있지. 그래도 지금 나는 다른 길을 가고 싶어."

"나는 나 자신을 비난하는가? 그렇다면 무엇 때문에 비난하는가?"

,

내면의 원하지 않는 목소리에 친절하게 대하라는 얘기가 목소리의 말을 믿고 거기에 속아 넘어가라는 의미는 아니다. 우리는 일상에서 많은 사람을 친절하게 대하지만, 그들이 하는 모든 말을 믿지는 않는다. 갑자기 길에서 종교를 권유받아도 불친절하게 대할 필요는 없다. 친절하게 대하되 단지 그 사람과 대화할 생각이 없고, 그 종교를 받아들이고 싶지도 않다는 것을 분명하게 말하면 된다. 내면의 목소리도 이처럼 취급하라. 그 목소리를 인지하되 맞서 싸우지 말며, 함께 자리에 앉아 와인 한 잔 마시기를 청하지도 말아야 한다.

당신은 마음속의 비판적인 목소리를 어떻게 대하는지 알기 위해 시간을 들여 보았는가? 그 목소리를 흘려듣거나 떨쳐내려고 하는가? 그 말을 믿고 그 말에 따라 당신이 갈 방향을 정하는가?

나만의 주제
발견하기

앞에서 우리는 불평하는 내면의 목소리의 존재를 확인했고, 그 존재가 즐겨 다루는 주제가 무엇인지 묻는 시간을 가졌다. 그 주제를 아는 것이 특히 중요한 까닭은 그것을 알아야 언제 목소리가 다시 활동할지를 알 수 있기 때문이다. 그러므로 이제 그 목소리가 자주 다루는 고전적인 주제를 다시 정확하게 알아보자.

상습적인 목소리는 다양한 모습으로 활동한다. 아마 사람에 따라 수많은 유형이 있을 것이다. 하지만 널리 알려진 특정 유형이 있다. 가장 일반적인 유형은 다음 세 가지이다.

비 평 가

∴ ∴ ∴

비평가는 우리를 가혹하게 비판한다. 늘 우리의 뭔가를 트집 잡고 가르치려고 들면서 훈계를 늘어놓는다. 이 비평가는 우리를 격려하거나 무엇을 하면 좋을지 기준을 정해주지도 않으면서 먼저 뭔가를 하게 만든 다음 이런저런 불평을 늘어놓는다. 그의 평가는 아주 일반적이며('또 바보 같이 말했군.') 특별히 독창적인 것은 아니기 때문에 그의 지적을 인지하는 것은 어렵지 않다.

어쩌면 이미 20년 전부터 우리의 인격이나 신체, 외모, 행동 방식을 놓고 똑같은 말로 불평을 늘어놓았을 것이다. 이 비평가는 정제된 방식으로, 악의가 없어 보이는 "왜"라는 질문으로('왜 좀 더 주의하지 않았을까?', '왜 벌써 피곤해?') 위장할 수도 있다. 하지만 그 질문은 겉으로 드러나지 않는 비난의 형태다('주의가 부족하다고 해도 그런 일은 일어나면 안 되지!', '아직 오전인데 벌써 피로를 느끼면 어쩌라고!').

독 재 자

∴ ∴ ∴

닦달하는 목소리는 우리가 일을 제대로 처리하지 못한다고 생각한다. 이 목소리는 주로 자본주의와 경쟁사회에서 들어본 전형적인 목소리로, 해마다 수십만 명의 번아웃 환자를 만들어 내는 원인이기도 하다. 당신이 무엇을 하든 충분치 못하니 계속 조금 더 성과를 올려야 한다는 것을 좌우명으로 삼고 있다. 독재자가 우리에게 "더 많이, 더 빨리"를 주문하는 동안 그의 가까운 사이인 내면의 완벽주의자는 끊임없이 "조금 더, 조금 더, 조금 더"를 외친다.

평 화 주 의 자

∴ ∴ ∴

다른 사람의 비위를 맞추는 존재인 이 목소리는 다른 사람의 마음에 들기를 바라고 호감을 사기 위해 그들에게 적응하려고 하며 싸움은 피하려고 한다. 이 목소리는 비평가나 독재자처럼 날카롭지 않기 때문에 인지하기가 더 어렵다. 이 목소리는 우리 자신의 욕구를 절대 먼저 돌보지 않고, 억누를 것을 요구하며 대신 상대의 욕구에 관심을 둔다. 이 목소리는 '당신이 지금 무엇을 원하는가는 중요하지 않다. 여기 있는 다른 사람이 무엇을 원하는지 알아내고 그에 따라 행동하라'라고 말한다.

혹시 읽는 동안에 이미 이 세 가지 유형 중에 어떤 것이 유난히 당신을 자주 찾아오는지 찾아내지 않았는가? 혹시 아직 찾지 못했다면 당신을 잘 아는 사람들에게 이 내면의 목소리 중 어떤 것이 당신에게 자주 나타나는 것 같은지 추측해 보라고 상의하는 방법도 도움이 될 것이다. 이 대화가 연인 사이나 절친한 친구들 사이에 흥미롭고 개인적인 주제를 나눌 계기가 되어줄 수도 있다.

어떤 목소리가 유난히 당신을 따라다니는가?

,

시간을 들여 마음속에서 유난히 자주 떠오르는 전형적인 말 몇 가지를 찾아보자.

객관화
연습

어떤 유형의 목소리가 당신에게 자주 들리는지 알았다면 다음 기회에 당신이 소파에 앉아 있거나 산책할 때 느닷없이 그 목소리가 떠오르면 적어도 이름을 불러줄 수 있을 것이다. "안녕, 잘난 비평가, 또 왔어? 잔소리꾼. 오늘은 무슨 말을 할 건데? 너는 늘 같은 말을 하니 말 안 해도 알아. 하지만 오늘은 빨리 가는 게 좋을 거야."

내면의 목소리와 거리를 두는 데 많은 사람에게 큰 도움을 준 이런 방법들을 '객관화Externalisierung'라고 한다. 여기서 우리가 내부적으로 우리 자신의 일부로 경험하는 목소리는 보조수단을 통해 외부로 이동한다. 각자의 목소리에 이름을 붙여줄 때 유난히 효과가 두드러진다. 내 의뢰인들은 내면의

147

목소리에 멍청한 수다쟁이, 떼쟁이 올라프, 트러블 메이커 등의 이름을 붙였다.

객관화의 장점은 다양한 방법으로 이 귀찮은 목소리와 내면적인 거리를 둘 수 있다는 점이다. 내 진료실에는 다양한 목소리를 상징하는 여러 개의 손가락 인형이 있는데 그중에서도 특히 (개굴개굴 대는) 개구리와 (종알거리는) 앵무새 인형이 인기다. 의뢰인들은 내가 "이 인형 중 하나를 골라 집에 가지고 가서 다음 상담 때 다시 가지고 오세요"라고 말할 때마다 놀라며 어리둥절한 표정을 짓는다. 언제나 의뢰인들은 천으로 만든 이 인형을 집으로 가져가는 것을 꺼림칙해한다. 혹시 앵무새 인형이 침실 탁자에 놓여 있는 것을 보면 마음속의 목소리가 더 시끄러워질까 봐 두려워하는 걸까?

사실은 전혀 다르다. 마음의 목소리는 존재를 인식하는 만큼 인지하기 쉬워진다. 이 연습을 할 때, 처음에는 부정적인 목소리가 늘어난다는 느낌이 들 수도 있다. 백화점에 감시하는 사람을 고용해 절도범을 잡는다고 생각해 보자. 감시하는 사람이 절도범을 잡은 다음에, 한 달에 한 번밖에 절도를 적발하지 못했다는 이유로 감시하는 사람을 해고하면 절도 근절에 도움이 될까? 감시하는 사람의 역할은 전에도 발생했던 일이 일어날 수 있음을 알려주는 것이다. 우리가 내면의 과정을 더 인식할수록 내면적인 거리를 두는 것은 더 쉬워진다.

최근에 나는 어느 교양 세미나에서 마음속의 생각과 맞서 싸우지 않고도 그 생각과 내면적인 거리를 두는 데 도움이 되는 방법을 소개한 적이 있다. 이 방법은 '수용 전념 치료 Acceptance and Commitment Therapie(ACT)'에서 나온 것으로 원치 않는 생각을 카드에 기록한 다음, 이 카드를 주머니나 가방에 넣고 다니는 것이다.

실험에 참여한 한 사람이 이 제안을 아주 이상하다는 듯 "왜 내가 원하지 않는 생각을 카드에 적고, 그 카드를 들고 다녀야 하죠?"라고 질문했다. 그러더니 카드에 생각을 적은 다음 그 카드를 태워버리자는 다른 제안을 했다. 나는 진료 초기에 이미 그 방법을 써봤다는 설명을 해 주었다.

내가 그 방법을 포기한 이유는 의뢰인들이 생각이 적힌 카드를 소각한 뒤에도 계속 찾아왔기 때문이다. 카드를 불태워버리면 오히려 그 생각이 더 강렬해지고, 자신은 더 무기력해졌기 때문에 소각 방법은 전혀 도움이 되지 않는다고 나를 찾아온 의뢰인들은 입을 모았다. 한참 시간이 지나고 나서야 나는 우리가 자기 생각을 잘 다루지 못한다는 것과 통제할 수 없는 뭔가를 통제하려고 하면 불가피하게 실패할 수밖에 없다는 사실을 깨달았다.

상대방이 필요한 다른 훈련도 있다. 이 훈련에 '나와의 산책'이라는 이름을 붙였다. 내 마음속 목소리 몇 가지를 친한 사람에게 알려준다. 이어서 두 사람은 잠시 함께 산책을 한다. 이때 상대방이 내면의 목소리 역할을 하며 규칙적으로 목소리의 말을 반복해서 당신의 귀에 대고 속삭이거나 큰 소리로 말한다. 이때 우리는 그 목소리에 짜증이 나고 평소보다 훨씬 분명하게 그 말의 진위를 따져보며 그 말을 더 이상 믿을 필요가 없다는 마음을 강화시킬 수 있다.

"나는 나 자신을 비난하는가? 그렇다면 무엇 때문에 비난하는가?"

Chapter 06.

고통을
견뎌내는 법

현재에
머물기

자기 돌봄의 핵심 요소는 고통스러운 경험과 대치할 준비를 갖추는 태도다. 하지만 사람은 본능적으로 고통스러운 경험을 피하고 싶다. 살아 있는 모든 유기체는 즐거운 감각을 찾고 불쾌한 감각을 피하도록 짜인 내면의 프로그램을 가지고 있기 때문이다. 모든 생명체는 본능적으로 생존을 원하고, 그러기 위해서는 굶주림이나 고통, 불안 같은 불쾌한 감각을 피하고 따뜻함, 평안, 기쁨 같은 즐거운 감각을 늘리는 것이 필수적이다. 세심한 주의력이나 공감도 필수 생존 요소다.

진화 역시 처음에는 '불쾌한 것을 피하고 즐거운 것을 향하는' 방향으로 전개되었다. 인간이 고통스러운 경험을 마주하기 위해서는 자신의 도피 충동을 인정하고 그것을 더 잘 이해하는 과정이 필요하다.

우리는 살면서 고통을 감당하지 못하겠다고 생각할 때가 종종 있다. 예를 들면 자포자기하면서 "더는 견디지 못하겠어"라는 말을 한다. 이때, 가능하면 신속하게 고통에서 벗어나기 위해 모든 노력을 기울여보는 것이 논리적이다. 전문가들은 이런 태도를 감정을 억누르는 시도라는 의미의 '감정 억압Emotionssuppression'이라고 부른다. 일반적으로 감정에 대한 불안 및 대개 불쾌한 특정 감정에 대한 불안을 뜻하는 '감정 공포Emotionsphobie'라는 말을 사용할 때도 많다.

어떤 젊은 의뢰인은 어릴 때부터 겪어야 했던 외로움을 절대 다시는 느끼고 싶지 않았다. 그의 부모는 일에 매달리느라 어린 딸을 혼자 집에 있게 했다. 아이는 하루 내내 부모의 차가 보이기를 기다리며 창밖만 바라보았다. 이 사람은 성인이 되자 외로움을 피하기 위해서 가능한 모든 노력을 기울였다. 할 일이 많을 때도 끊임없이 사람들과 만날 약속을 했다. 약속이 없는 날에는 사무실에서 밤늦은 시간까지 초과근무를 하기도 했다.

사람이 어떤 느낌을 피하고 싶을 때는 절박한 이유로 그것을 감당할 수 없다는 감각이 있기 때문이다. 단순히 겁쟁이라서가 아니라 실제로 그 느낌을 마주할 방법을 몰라서 그러는 것이다. 따라서 "여기서 나가자"는 회피 전략을 무조건 피할 이유는 없다. 대신에 회피 전략을 더 익히고 각자에게 도움이 되는 방법을 찾을 수는 있다.

"여기서 나가자" 전략에는 여러 가지가 있다. 가장 대중적인 방법은 다음과 같다.

- SNS 보기, 동영상 시청 등 다른 일을 하며 관심을 돌린다.
- 그 감정을 느끼는 대신 머리로 분석해 본다.
- 그 감정을 막을 마음의 차단막을 치고, 긴장하며 이를 악물고 가볍게 숨을 쉰다.
- 고통의 원인을 계속 생각하지 않고 세상을 긍정적으로 상상해 본다.

당신은 불쾌한 감정을 피하기 위해 어떤 방법을 쓰는가? 무엇이 당신의 전형적인 "여기서 나가자" 전략인가? 잠시 시간을 들여 당신이 애용하는 방법을 찾아보자. 아마 당신이 감정을 피하기 위해 동원하는 방법은 동시에 여러 가지가 떠오를 것이다.

유감스럽게도 우리가 감정을 통제하기 위해 들이는 노력은 여러 연구에서 분명히 입증된 것처럼 대부분 힘이 들 뿐만 아니라 효과가 전혀 없다. 어느 연구에서는 실험 참여자들에게 분노를 유발하는 영상을 보여주었다. 그리고 한 집단에게는 분노를 억누르도록 했고 다른 한 집단에게는 분노를 그대로 인지하도록 했다. 그다음 양 집단의 참여자들에게 모두 옆방에 있는 가상의 적을 상대로 컴퓨터게임을 하라는 과제를 주었다. 이때 참여자는 누구나 게임 상대방에게 소음을 낼 수 있었다.

자신의 분노를 억제한 참여자들은 거의 소음으로 느껴질 정도로 유난히 크게 소리를 지르며 게임을 진행했다. 이 연구 결과에 따르면 분노의 억제는 실제로 분노가 사라지는 효과를 내지 못하고 오히려 반대 효과를 낸 것이다. 이와 달리 분노를 드러내도 된다는 허가를 받은 참여자들은 가상의 게임 상대를 소음으로 귀찮게 하려는 욕구가 더 적었다.

이런 상관관계는 불안장애 실험에서도 설득력 있게 입증되었다. 한 실험에서 불안감이 심한 사람들에게 불안감을 억제하는 과제를 준 결과 불안감은 줄어들지 않고 오히려 늘어났다. 불안감을 그대로 받아들이도록 한 두 번째 집단에서는 불안감의 증가가 나타나지 않았다. 감정의 억제가 혈압을 높이고 기억력을 감퇴시킨다는 사실도 여러 번 입증되었다.[3]

따라서 열심히 불쾌한 감정을 억누르려고 하면, 원치 않는 감정이 해소되는 것이 아니라 그다음에 더 강하게 드러나는 것이다. 감정을 억제하려고 할 때, 우리는 에너지를 낭비해 가면서 긴장과 스트레스라는 처벌을 받는 셈이다.

"나는 나 자신을 비난하는가? 그렇다면 무엇 때문에 비난하는가?"

회피하지
않기

앞에서 살펴본 것처럼, 우리가 어떤 감정을 느낄 때, 그 감정에서 달아나려고 하는 것보다 그 감정으로 향하는 편이 더 낫다. 왜 불쾌한 감정을 향해 자신을 개방하는 태도가 필요할까? 이런 시도가 정말 의미가 있을까? 감정을 떨쳐버리기 위해 알코올이나 마약을 하는 사람은 적어도 일시적으로는 빠르게 불쾌한 감정에서 벗어날 수 있다. 하지만 장기적으로 볼 때, 이런 방법은 자신을 해칠 뿐이다.

우리가 감정을 마주해야 하는 이유는 크게 두 가지다. 사람의 감정은 그것을 실제로 느껴보고 받아들일 준비를 할 때만 해소되는 것이기 때문이다. 또한 사람은 원치 않는 감정에 관심을 가지고 다가갈 때, 특히 어려운 환경에서 도움이 되는 아주 중요한 능력을 키울 수 있기 때문이다. 한 번이라도 이런 경험을 한 사람은 고통스러운 경험을 감당할 수 있다는 느낌이 들고 그것을 견디어낼 수 있다.

언젠가 지인 한 사람이 자신의 형편이 좋지 않을 때, 살면서 좋았던 시절을 떠올리면 마음이 조금 나아진다는 말을 한 적이 있다. 그는 이런 노력이 성공할 때도 많지만 실패할 때도 많다고 했다. 이런 전략이 때로 통한다고 해도 추천할 만한 방법은 아니다. 이런 회피 방법은 불쾌한 감정을 견디는 능력을 키워주지 못한다. 사람이 뭔가 불쾌한 감정을 느낄 때마다 가능하면 빨리 그 감정을 떨쳐버리려고 뭔가를 할 수 있을까? 이 방법에 익숙해지면 "여기서 나가자"의 지지자가 되어 불쾌한 감정에서 벗어나도록 회피할 방법을 끊임없이 찾게 된다.

수십 년 동안 교육학에서 추천해 온 방법도 회피 전략에 가깝다. 만약 아이가 슬픈 표정을 하면, 하늘에서 날아가는 아름다운 새를 보여주고 아이가 '다른 생각을 하도록' 만들어 슬픔에서 벗어나게 해주라는 것이다. 오늘날에는 이런 전략이 전혀 의미가 없다는 것이 모두 밝혀졌다. 부모는 오히려 인생에는 슬픔도 있는 것이며, 슬픔이라는 감정은 왔다가 가는 것이라는 사실을 알려줘야 한다.

모든 압박의 징후를 서둘러 떨쳐버리려고 하는 사람은 그 징후가 저절로 사라지는 경험을 절대 할 수 없다. 고통을 견딜 필요가 없었던 사람, 불쾌한 감정을 오랜 기간 견딜 필요가 없었던 사람은 고통과 언짢은 감정 앞에서 당연히 불안을 느낀다. 하지만 이런 감정에 맞설 수 있고 그것을 견디면 다시 사라진다는 것을 경험한 사람은 비록 느낌이 좋지 않은 감정이라고 해도 대처할 수 있다는 것을 안다.

스위스의 과학자들은 감정을 회피하는 것뿐만 아니라 감정에 주목하지 않는 것도 문제가 있다는 사실을 밝혀냈다.[4] 실험에 지원한 30명의 참가자에게 현재의 감정을 떠올려보거나("지금 내 기분은 어떤가?") 자신에 대한 생각을 해보도록("나는 어떤 사람인가?") 질문했다. 참가자가 생각하는 동안, 과학자들은 기능성 자기공명 및 컴퓨터단층촬영으로 뇌의 활동을 조사했는데, 뇌의 어떤 영역이 더 활동적인지를 정확하게 관찰하기 위한 과정이었다.

결과는 놀라웠다. "나는 어떤 사람인가?"라는 질문에 따라 자신에 대한 생각을 한 집단에서 편도핵의 활동이 더 활발해진 것이다. 편도핵은 감정의 자극을 받을 때 활성화되는 뇌의 영역이다. 왜 단지 자신에 대한 생각만 한 사람에게 감정 처리를 위한 뇌의 영역이 활성화되는 결과가 나왔을까? 그리고 왜 직접 자신의 감정을 알아보려고 한 실험집단에서는 편도핵의 활동이 덜 활발한 것으로 나오는가?

처음에 납득할 수 없는 것처럼 보인 결과는 좀 더 자세하게 들여다보자 이해가 되었다. 사람의 감정이 활성화되었는데도 바로 인지하지 않으면, 뇌의 해당 부분이 계속 활동을 하는 것이다. 이와 달리 그 감정을 안다고 느끼면, 해당 뇌의 영역은 활동을 덜 하게 된다. 예를 들어 내가 흥분했을 때, 내가 흥분했다는 사실을 인지하면, 뇌는 다시 흥분을 가라앉힌다.

전문가들은 소리를 인지하고 끄면 울림을 멈추는 자명종에 사람의 감정을 비유한다. 사람의 감정을 기억에 등록하고 나면 다시 활동이 잠잠해진다는 의미다. 하지만 자명종이 울리는데 그대로 두면 계속 소리를 낼 뿐 아니라 시끄러운 소리를 뒤로 갈수록 견디지 못할 수도 있다. 자신의 감정에 주목하지 않으면 자명종이 계속 울리는 것 같은 일이 벌어질 수 있다.

감정을
그대로 인지하기

자기 돌봄은 한편으로 불쾌한 감각과 마주칠 준비를 한다는 것을 의미한다. 동시에 자기 돌봄은 이 과정을 안심하고 받아들이는 마음가짐을 말하기도 한다. 자신에게 친절하게 대하는 사람만이 고통스러운 경험을 감당할 수 있기 때문이다. 따라서 자기 돌봄은 우리가 갈고 닦을 수 있는 능력일 뿐 아니라 감당하는 힘을 키우는 방법이기도 하다.

자기 돌봄은 우리가 자신의 감정을 향하도록 도와준다. 우리가 고통 앞에서 자신의 느낌을 억제할 때, 장기적으로는 훨씬 더 고통스러워진다는 것을 이제 당신도 충분히 알 것이다. 자기 돌봄의 과정에서 처음에는 역설적인 느낌을 받을 수도 있다. 처음에는 관심을 돌리거나 다른 감각을 사용하는 전략을 통해 우리를 내면의 목소리로부터 분리하는 데에 성공한 것처럼 보일 때가 종종 있기 때문이다. 하지만 사실 "여기서 나가자" 전략은 마약과 다를 것이 없어서 앞으로도 계속 거기에 의존하게 된다.

자신에게 친절한 태도로 내면의 고통과 교류하는 과정은 고통스러운 경험이 나타날 때 즉시 그 고통을 떠맡는 식으로 진행된다. 머릿속에 어떤 감각을 인지했다면, 방금 느낀 감각이 어떤 것인지 정확하게 확인해야 한다. 이 느낌은 슬픔인가 불안인가, 절망감인가, 아니면 무력감이나 분노, 수치심인가? 느낌을 떨쳐버리려고 하지 않고 온전히 있는 그대로 느껴보며 마주한다. 스스로가 온전히 느낄 수 있도록 그 감각에 머무는 것이다.

사람은 그 감각을 얼마든지 감지할 수 있다. 감각을 인지하려고 하며, 자연스럽게 호흡한다. 입을 살짝 벌리면 감각을 쉽게 인지하는 데 도움이 되기도 한다. 그 느낌에서 벗어나거나 어떤 방식으로든 그것을 평가하려는 목소리가 들리려고 할 때는 즉시 그런 생각에서 벗어나 다시 본래의 감각으로 향한다. 동시에 자신이나 자신의 고통에 친절하고 호의적인 태도를 취한다. 그리고 이 느낌 그대로 머무는 것이 얼마나 고통스러운지를 공감해 본다.

우리는 다른 사람들도 이런 경험을 하고 있고, 따라서 우리는 혼자가 아니며, 우리의 감각은 자기 비난을 받을 과오가 아니라 삶의 일부라는 것을 알아야 한다.

이론과 전체적인 과정은 조금 다르게 보일 수 있다. 나는 수년째, 혹은 수십 년째 눈물을 흘리지 않은 사람들, 일하는 동안 강해져야 해서 자신의 감정과는 완전히 거리를 두고 살아온 사람들을 알고 있다. 이들이 번아웃에 시달리는 원인은 감정과 함께 삶의 활기와 긴장을 잃어버렸기 때문이다.

사람은 어떻게 고통스러운 느낌과 떨어지게 되는지 모를 때가 많은데, 그 이유는 사람의 몸과 마음이 원치 않는 감정을 떨치는 일에 고도로 자동화되어 있기 때문이다. 이 자동화 시스템은 최악의 경우, 불쾌한 감정뿐만 아니라 즐거운 감정까지 밀어낸다.

내 경험으로 볼 때, 사람이 자기의 감정, 특히 불안을 알고, 타인에게 털어놓으면서 올바로 인지하는 것은 커다란 진전이다. 나는 오랫동안 나에게는 전혀 불안이 없다고 생각하며 살았다. 심리치료를 공부하며 자신을 좀 더 세밀하게 관찰할 수 있게 되자 이 생각은 완전히 틀렸다는 것을 확인할 수 있었다.

　오랜 짐작과 반대로 나는 크고 작은 난관에 부딪칠 때마다 불안함에 떠는 사람으로, 아직도 그럴 때가 종종 있다는 사실을 고백한다. 나 자신이나 사랑하는 사람에게 안 좋은 일이 일어날 수도 있다는 불안, 상대의 마음에 들지 않는 말을 하진 않았을까 하는 불안, 자동차 열쇠를 잃어버리거나 일을 제때 마치지 못하지 않을까 하는 불안 등 내 온갖 불안을 서서히 털어놓기 시작하자, 어느 시점에는 내가 불안의 덩어리인 것처럼 느껴지기까지 했다.

　불안을 인정하면서, 나는 내가 완전히 잘못된 행동을 하고 있다는 인상을 자주 받았다. 불안을 인정하고 말할수록 불안감이 더 강해지는 것처럼 느껴졌기 때문이다. 하지만 실제로는 좋은 징조였다. 오랫동안 내가 외면하고 떨쳐버린 감각이 다시 나타난 것일 수도 있기 때문이다.

　현대 심리학에서 자신의 불안을 인지하는 것은 자신의 감정과 교류하며 자기 돌봄을 하기 위한 첫걸음이다. 나 역시 남몰래 나의 불안을 비난하고 있었다. 그 단계가 지나고서야 불안해할 필요가 없다는 확신이 들었다. 불안을 극복하기 위한 어떤 방법이 반드시 있을 거라는 생각도 들었다.

그다음 단계는 불안한 삶을 그대로 받아들이는 것이다. 이제 나는 불안이 없는 사람이나 삶은 불가능하며, 내가 불안해하는 것은 전혀 잘못이 아니라는 것을 알고 있다. 불안은 인간 대부분의 삶 속에 늘 존재하는 것인지도 모른다. 그렇기에, 나는 불안에서 벗어나려는 노력을 중단했다.

감정을
수용하기

감정과 교류할 때는 그것을 '인지Wahrnehmen'하고 '수용An-nehmen'하며 그것에 대하여 '평온한 태도Still damit sein'를 취하는 WAS의 태도가 큰 도움이 된다.

　고통스러운 감각과 마주칠 때, 우리는 그것을 인지하고 맞서 싸우는 대신 마음속으로 그 감각과 대면하고 들어설 자리를 내줘야 한다. 앞에서 설명한 것처럼 대면하는 태도로 전환하는 연습이 아주 힘들 때도 많다. 어떤 사람에게는 자신의 감정을 인지하는 것만 해도 감당하기 어려운 도전이 될 수 있다. 사람의 몸은 느낌에 대하여 긴장하기 때문이다.

　우리는 아무 느낌도 가지지 않으려고 할 때 이를 깨물거나 가볍게 얕은 숨을 쉰다. 이와 달리 어린아이처럼 입을 벌리고 숨을 쉬면 자연스럽게 느낌과 더 밀착된다. 이런 다음 지금 어떤 느낌을 감지했는지 속으로 자신에게 물어보면 된다. 이렇게 자신의 느낌을 감지하고 받아들인 뒤 마지막 단계로 그 느낌에 평온한 태도를 유지하는 것이 WAS의 태도다. 느낌에 대하여 어떤 반응도 보일 필요가 없다.

우리가 감정을 인지하고 수용할 때 가장 빠지기 쉬운 함정은 자신의 느낌에 대하여 곰곰이 생각을 시작하는 것이다. '왜 내가 이렇게 슬프지? 무엇 때문에 슬프지? 그동안 살아오면서 언제 내가 슬펐던가?' 이런 생각은 느낌을 멀리 보낸다. 그러므로 처음에는 슬픔을 느끼는 것만으로 충분하며, 그 배경이나 원인에 대해서는 이후에 생각하는 것이 좋다.

"나는 나 자신을 비난하는가? 그렇다면 무엇 때문에 비난하는가?"

,

분노의 과정을 살펴보면, 의식으로 들어온 느낌이 정확하게 어떻게 진행되는지 잘 알 수 있다. 우리는 분노가 서서히 끓

어오르는 감각, 갑자기 속에서 불이 붙는 감각을 인지하고 있다. 화가 날 때는 생각이 큰 역할을 하며 우리는 이 생각도 하나하나 인지한다. 우리는 타인으로부터 부당한 대우를 받았을 때, 타인이 우리가 보는 앞에서 뻔뻔한 행동을 할 때 분노하는 상황에서 자신의 분노를 어떻게 표현할지 생각하게 된다. 그 사람이 잘못되기를 바라거나 심지어 앙갚음할 궁리를 하기도 한다. 각 장면이나 행위의 과정이 자연스럽게 떠오르고 상상으로 보복하는 그림을 그려본다.

이때의 생각이나 마음속의 그림, 생생한 상상을 단순히 그 자체로 인식하되 현실로 보지 않는 것이 중요한 태도다. 분노는 여러 신체감각과 연결되어 있으며 우리는 그것을 힘이나 활기로 인지할 수도 있고 또 긴장, 압박감, 불안으로 받아들일 수도 있다. 그리고 이런 감각이 있을 수 있다는 관점에서 그것을 그저 관찰하기만 하고 큰 관심을 가지지 않을 수도 있다.

우리가 계속 관심을 가져야 할 핵심 주제는 느낌 그 자체다. 분노의 파도는 절정에 이른 다음 때가 되면 서서히 가라앉는다. 이 과정을 따라가면서 유심히 살피면, 분노는 실제로 파도를 탄다는 것을 분명하게 느낄 수 있다.

분노가 사라질 때, 깊은 공감과 수용의 태도로 우리 자신을 만나면서 그 분노 뒤에 어떤 느낌이 숨어 있는지 살펴본다. 그 느낌은 모욕, 불안, 절망, 수치, 죄의식 등의 감각일 때가 대부분이다. 경험이 많은 사람이라면 아마 분노의 파도를 타고 서핑하면서 실제로 거기에 어떤 감정이 숨어 있는지 밝혀낼 수 있을 것이다.

분노는 의식으로 들어온 느낌 치고는 매우 특별한 도전적 상황이다. 어떤 행동을 요구하는 적극적인 감정이기 때문이다. 정말 화가 난 사람은 상대에게 소리치거나 욕하고 싶은 욕구가 생긴다. 욕구를 따르는 대신 평온을 유지하기는 아주 힘들지만 바로 이런 태도가 감정과 유익한 교류를 할 기회를 제공한다.

당신은 혹시 본격적으로 화를 낸 적이 있는가? 화를 냈다면 아주 먼 옛날 일인가 아니면 최근에 벌어진 일인가? 당신이 분노에 어떻게 대처했는지, 어떤 결과가 있었는지 기억해보자.

나에게 건넬 말을
연습하기

삶은 우리에게 극단적인 고통을 줄 수 있다. 자신의 중병, 사랑하는 사람의 병이나 죽음, 가정파괴, 원치 않는 무자녀, 자녀를 돌보지 못하는 상황, 장기적인 실업, 사회적 몰락, 중증 장애 등등. 삶이 현실적인 난제를 던지며 우리에게 도전할 때, 우리에게 요구되는 것은 자신을 특별히 친절하게 대하는 태도다.

　삶에서 고통을 마주할 때, 우리의 마음속에는 반발심이 생긴다. 누구도 병이 들거나 사랑하는 사람을 잃거나 상실을 겪고 싶지 않다. "안 돼, 나는 이런 일 겪고 싶지 않아"라는 말이 저절로 나온다.

　우리에게 닥치는 일에 대한 이런 내면의 반발심은 자신을 좀먹는 에너지를 만든다. 그런 상황에서 우리는 자신을 친절하게 대하는 대신 자신을 비난하거나 그 일에 대한 책임을 자신에게 돌린다. 내 의뢰인 중 어떤 사람은 암 진단을 받자 자신을 비난했고, 병에 걸린 책임 역시 고기를 많이 먹는 자신에게 돌렸다. 그는 암에 따른 고통 외에도 자기 비난이라는 고통까지 견뎌야 했다. 이중의 고통으로 이 사람은 결국 쓰러지고 말았다.

고통의 감정과 결부된 힘든 상황에서도 우리는 자기 공감의 마음가짐으로 자신과 대화할 수 있다. 나는 의뢰인이 고통에 처한 상황에서 다음의 문장을 소리 내 말해보기를 제안한다.

- 지금은 고통의 순간이다.
- 삶에는 고통의 경험이 따를 수 있고, 고통은 삶의 속성이기도 하다.
- 나는 그 느낌을 받아들이고 호의적이고 친절한 태도로 그 느낌에 다가갈 수 있다.

우리가 고통스러운 느낌과 결부된 도전적인 상황과 맞닥

트렸을 때도 이와 비슷한 말을 자신에게 할 수 있다. 이런 말은 실망과 거절, 좌절, 실패 등, 일상의 사건과 수없이 부딪칠 때도 도움을 줄 수 있다. 고통을 가능하면 빨리 끝내려는 충동이 생겼다면 완전히 의도적인 저항을 시도해야 한다.

이때 이런 감각을 친절하게 대하는 데 도움이 될 무언가나 누군가가 떠오른다면 그것은 당연히 아주 바람직하다. 다음과 같이 하면 이 고통스러운 경험을 견디고 나 자신에게 친절하게 대하는 것이 한결 쉬워질 것이다.

- 다른 누군가와 고통에 대한 대화를 한다.
- 내 감각을 적어본다.
- 산책을 한다.
- 한동안 이 감정을 느끼는 시간을 가진 다음, 좋아하는 영화를 본다.
- 반발과 마음의 싸움은 더 큰 고통을 부른다는 것을 명심한다.

이 훈련은 자기 비난하지 않기, 자기 돌봄의 물음과 더불어 이 책에서 제안하는 3대 훈련에 속한다. 이 훈련을 생활화하면 큰 도움이 될 것이다.

Chapter 07.

친절한 태도로
나와 마주하는 법

나와 친절하게
대화하기

다음과 같은 상황을 가정해 보자. 당신이 아프다. 독감에 걸려 집에 혼자 있다. 너무 고통스러워서 잠을 못 자고, 아무것도 먹고 싶지 않다. 자리에 누워 있으면 온몸이 쑤신데, 일어날 힘은 없고, 앉아봐도 이내 힘이 빠져서 다시 누워야 한다.

이때 당신은 자신과 대화를 시도한다. '많이 아프지? 아이고. 정말 온몸 구석구석 안 아픈 데가 없네. 이 상태가 빨리 지나갔으면 좋겠어. 독감을 더 잘 견딜 수 있게 해주는 무슨 방법이 있을 거야. 노래를 듣거나 친구에게 전화를 해볼까?'

아니면 다음과 같이 말을 걸 수도 있다. '좀 더 조심했어야지. 친구가 분명히 감기 기운이 있다고 말했는데, 굳이 왜 만나러 갔을까. 하필 왜 오늘 아플까? 정말 한심하다. 내일이

마감 날인데 무슨 일이 있어도 마감은 맞춰야 하잖아.'

자신에게 친절하고 살갑게 말하는 것은 힘든 상황에서 특히 꼭 필요한 중요한 능력이다. 아이들은 그들이 힘든 상황에서 부모가 위로해 주거나 그들의 나약함과 불행을 깊이 이해하며 친절한 대화를 할 때 이 능력을 키워 나간다.

자기와의 대화는, 방금 내가 표현한 것과 같은 문장을 실제로 자신에게 말하라는 뜻이 아니다. 그보다는 자기 자신에 대한 마음가짐을 말로 옮기려는 시도에 가깝다. 자기 자신에게 친절한 말을 건네는 것은 여러 가지를 의미한다.

자신에게 건넬 수 있는 친절한 말과 그 의미

- **고통을 인정한다** ⇨ 이런 경험은 괴롭다. 괴로움도 아주 자연스러운 일이야.
- **주변 환경과 결합한다** ⇨ 이런 일은 다른 사람에게도 일어난다. 너만 그런 것이 아니야.
- **자신을 진정시킨다** ⇨ 심각한 것은 아니다. 나아질 것이다. 안심해도 된다.
- **자기비판에 맞선다** ⇨ 자신을 비난할 이유는 없다. 자신에게 엄격하게 굴지 말자.

- **다정한 기본자세를 취한다** ⇨ 지금의 너는 문제나 잘못이 없어.
- **완벽주의자의 성향에 휘둘리지 않는다** ⇨ 네가 한 방식은 전혀 문제가 없어. 너는 최선을 다했어. 잘한 거야.
- **다른 사람과 비교하는 태도를 경계한다** ⇨ 너는 다른 사람들과 다르고 그들처럼 할 필요도 없어. 그들이 맨날 너보다 나은 것도 아니야.

우리에게 소중한 사람이 힘든 상황에 처했을 때, 우리의 입에서는 진심이 담긴 이런 말이 자연스럽게 흘러나온다. 소중한 사람에게 이런 말을 하는 것은 당연하다. 그런데 많은 사람이 자기 자신에게 이런 말을 해줄 생각은 전혀 하지 못한다. 그래서 친절한 자기와의 대화를 촉진하기 위한 보조수단이 있으면 좋다. 앞으로 자신에게 친절한 말을 하겠다고 다짐해도, 잘되지 않기 때문이다.

상대가 나를 사랑하고 소중히 여기는 사람이라면 어떻게 당신을 바라보고 공감과 친절의 눈빛을 보낼까? 힘든 당신을 어떻게 대할까? 당신에게 어떤 말을 할까? 개인적으로 당신을 알고 종종 만나는 사람, 또는 당신이 어릴 때 알던 사람을 상상해 보는 것도 좋다. 아니면 전혀 만난 적이 없는 사람, 영화배우거나 당신이 언제 어디선가 듣거나 읽어본 공인일 수도 있다.

또 성직자일 수도 있다. 스톡홀름의 어느 성 옆에는 공원이 하나 있는데, 스웨덴 교회에서 사람들이 이곳에 잠시 머무르며 명상을 하도록 종교적인 글이 쓰인 돌 모양의 공(석구)을 설치했다는 소식을 들었다. 그중 하나의 공에는 "네가 나를 보듯 내가 나를 보도록 도와줘"라고 쓰여 있다고 한다. 사랑이 넘치는 신의 개념을 품고 자라면서 계속 신과 관계를 맺은 사람이라면 하느님 또는 예수 그리스도를 다정한 사람의 모습으로 상상하면서 '나를 아끼는 신이 지금 나를 보면 무슨 말을 할까?'라고 생각하는 것이 큰 도움이 될 수 있다.

어쩌면 환상 속의 존재를 떠올려볼 수도 있다. 여자 마법사나 소설에서 읽은 현자, 구름 위에 떠 있는 수호천사, 마음속으로 그리는 영적인 동물이나 실제의 동물을 상상해 보자. 당신이 어렸을 때, 당신의 친구가 되어주었던 지혜롭고 다정한 존재를 성인이 된 지금 만날 수도 있다.

하지만 당신을 다른 사람의 눈으로 관찰하거나 당신의 느낌을 중심에 세우기는 쉽지 않을 것이다. 이럴 때는 대안으로 당신에게 다정한 사람이 현재 당신과 똑같은 어려운 상황에 놓였다고 상상해 보면 좋다. 당신은 이 사람에게 무슨 말을 할 것인가? 그 상대에게 힘이 되어주기 위해 어떤 행동을 하면 좋을까?

당신 자신을 아이로 가정하고 마음속의 이 아이에게 친절과 동정을 베푸는 방법도 있다. 자신을 성인으로 대하는 대신 자신의 어린아이 같은 부분을 향해 말하는 것이다. 어린아이에게 힘을 실어주고 호의적인 말을 하는 것은 성인을 상대할 때보다 훨씬 쉽기 때문에 이 방법은 큰 도움이 된다. 당신이 슬프고 지쳤을 때, 힘이 빠지고 슬퍼하는 마음속의 아이에게 어떤 말로 어떻게 위로해 줄지 상상해 보면 좋다.

당신에게는 어떤 방법이 가장 쉬워 보이는가? 분명한 이해를 위해 위에서 소개한 다양한 방법을 다시 한번 숙독하기를 권하고 싶다.

,

위에서 소개한 스스로에게 친절해지는 대화법은 임상적으로 증명된 아주 효과가 크고 도움이 많이 되는 방법들이다. 다만 우리가 저 방법들을 사용하기 위해서는 약간 훈련이 필요하다. 자신에게 다정한 말을 하는 것은 당장 배울 수 있는 것이 아니다.

이 방법이 당신의 마음에 든다면, 앞으로 며칠 또는 몇 주간 자신과 친절한 대화를 시작해 보자. 작더라도 고통스러운 느낌이 당신에게 느껴질 때, 자신에게 친절한 말을 하는 연습을 할 기회다. 잠들기 전에 누워서, 시간 여유가 있어 산책을 할 때도 연습하면 좋다.

나만의
주문 만들기

불교에서 유래한 자비의 명상은 효과가 아주 좋다. 내가 개발한 아래의 문장을 가능하다면 소리 내어 읽으며, 자신과 타인에 대한 긍정적인 바람을 표현하는 훈련을 같이하면 좋겠다.

자기 돌봄의 문장

- 내가 평화를 찾게 해주소서.

- 내가 안전하도록 해주소서.

- 내가 행복하도록 해주소서.

- 내가 기쁘고 행복하게 사는 법을 배우도록 해주소서.

- 내가 내 생활과 환경을 받아들이게 해주소서.

당신이 이 문장을 마음속으로 또는 소리 내어 말할 때, 무슨 일이 일어나는지 느낄 수 있을 것이다. 당신이 소중한 사람에게 말을 건넬 때처럼, 특별히 다정한 목소리로 읽어보자. 위의 예시 중에서 아무 문장이나 하나 선택해도 좋고, 가장 마음에 드는 문장을 직접 생각해 낼 수도 있다. 당신이 마음에 드는 문장을 찾아내기를 간절히 기원한다.

,

그런 다음에 당신의 감각에 주목해 보자. "해주소서"란 말이 처음에는 생소하게 들릴 것이다. 우리가 일상적으로 읽고 쓰는 말과는 조금 다른 표현이기 때문이다. 우리가 일상에서 뭔가 긍정적인 바람을 표현한다면 "내가 행복하면 좋겠다", "네가 행복하기를 바란다", "행복을 위해서라면 무슨 일이든 하겠다"와 같은 말이 일반적이다. 어쩌면 당신도 심지어 "나는 행복할 권리가 있다"라고 말한 적이 있을 것이다.

당신이 지금 이 부분을 읽으며 위의 문장이 "내가 행복하도록 해주소서" 같은 표현과는 뭔가 다르게 들린다는 느낌을 받았을 것이다. "해주소서"에는 뭔가를 행하거나 뭔가에 대해 요구하는 존재가 없다. 어떤 바람을 표현하기는 하지만 내 의지대로 그 바람을 이루어 달라는 것이 아니다. 그것이 실현될지, 안 될지는 내 손에 달린 것이 아니다.

"해주소서"에는 고도의 헌신과 겸손, 순종의 태도가 있다. 우리의 운명을, 말하자면 신의 손에 맡기는 종교적인 태도에 가깝다. 「주기도문」에 "뜻이 하늘에서 이루어지듯"이라는 말이 있다. 바로 이런 태도가 "해주소서"라는 표현에도 들어 있는 것이다.

뭔가를 청하는 것, 동경을 표현하는 것, 자신의 발전에 대한 소망을 드러내는 것, 이 모든 것은 마음에 유익한 수행이 될 수 있다. "해주소서"의 바람은 우리의 이성이 아니라 가슴에 닿을 수 있기를 바라며 하는 말이다. 즉, 우리의 인지 영역에 와 닿는 것이 아니며 무엇보다 마음속에서 자기 돌봄의 에너지를 강화하는 역할을 한다.

내 경험으로 볼 때, "해주소서"라는 말에 어려움을 겪는 사람이 많다. 아마 부자연스럽게 보이거나 뭔가를 쉽게 구하려는 인상을 강하게 주기 때문인지도 모른다. 대안을 찾는다면 "내가 행복하고 만족스럽게 지내는 기회가 오기를" 정도의 표현도 좋다. 혹시 당신이 전혀 다른 표현을 찾아냈다면,

그것을 사용해도 좋다.

나는 명상을 시작할 때, "내가 깨어 있는 상태로 모든 감각을 수용하게 해주소서"라는 바람을 말로 표현할 때가 있다. 당신도 명상이나 요가를 끝내며, 혹은 일어난 직후에 "오늘 하루 조심스러운 마음을 유지하게 해주소서"라고 말할 수도 있다. 하루를 시작하는 시점에는 이런 말의 효과가 더 크다.

근본적인
질문하기

아주 단순하지만 일상생활에 좀 더 많은 자기 돌봄을 불러일으키는 데 잘 어울리는 물음이 있어 소개한다. 이 문장은 일상적으로 더 많은 자기 돌봄을 하기 위해 내가 이 책에서 소개하는 연습의 문장 중 핵심이다.

바로, "내가 잘되기를 바란다면, 지금 나는 무엇을 해야 할까?"라는 질문이다. 다음과 같이 다양하게 표현해 볼 수도 있다.

- 내가 자기 돌봄을 하려면 나는 지금 무엇을 해야 할까?
- 내가 나에게 친절한 사람이라면, 나는 지금 무엇을 해야 할까?
- 내가 나에게 된다고 말하려면, 나는 지금 무엇을 해야 할까?

당신에게 가장 설득력이 있는 표현을 선택하면 좋다. 혹시 더 마음에 드는 다른 표현이 있다면 그 문장을 사용해도 좋다. 자기 비난에 대한 질문과 마찬가지로 이 질문에서도 요점은 하루에도 여러 번, 다양한 상황에서 이 물음을 제기하는 것이다. 갑자기 위기가 몰려왔을 때, 특히 힘든 상황이나 아주 불쾌한 날에도 이 물음을 활용할 수 있다. 무엇보다 이 물음은 진정한 자신의 욕구를 탐구하기 위한 일상적인 훈련이 될 수 있다.

내가 자기 돌봄 훈련을 시작했을 때, 하루에 적어도 스무 번은 마음속으로 이 질문을 했다. 대답은 대부분 별로 눈에 띄는 내용은 아니었다. 내가 지금은 쉬어야 한다거나 하는 일을 중단해야 한다는 것을 인식할 때도 있었고, 때로는 내가 멈춰야 할, 몰랐던 소소한 자기 비난이 있다는 것을 발견할 때도 있었다. 과거에 내가 전혀 인지하지 못했거나 단순하게 "왠지 기분이 안 좋다"라고 생각한 느낌을 발견하기도 했다.

이 연습을 변형할 수도 있다. 당신의 어제를 다정한 시선으로 돌아보고 다음 날을 긍정적인 시선으로 바라보는 것이다. 잠자리에 들기 전에 또는 잠에서 깬 뒤에 이 훈련을 한다면, 이때는 자신을 향해 다음과 같은 물음을 던질 수 있다.

- 오늘 내가 나에게 친절했더라면 나는…
- 내가 내일 나에게 친절하다면 나는…

최근에 내가 마음속으로 두 번째 질문을 했을 때, 다음과 같은 결과가 나왔다.

- 내가 내일 나에게 친절하다면 나는 ⇨ 상담과 상담 사이의 시간에 아무것도 안 하고 그냥 잘 쉴 것이다.
- 내가 내일 나에게 친절하다면 나는 ⇨ 모든 일이 순조롭도록 아침에 알람 시간에 맞춰 일어날 것이다.
- 내가 내일 나에게 친절하다면 나는 ⇨ 오전 동안 내 스마트폰을 꺼놓을 것이다.
- 내가 내일 나에게 친절하다면 나는 ⇨ 틈틈이 내 호흡을 살펴볼 것이다.

이 질문 연습에서 중요한 것은 각각의 주제에 대하여 우선 마음속으로 거리를 두는 것이다. 대답이 떠오를 공간을 마련해줘야 한다. 간단한 방법은 질문을 여러 번 반복하며 그때마다 각각 새로운 답을 해보는 것이다.

한동안은 자기 비난의 물음이 당신을 따라다닐 것이다. 이때는 그것을 자기 돌봄의 질문과 교체하면 된다. 자기 돌봄의 물음은 이제부터 이 책 끝까지 계속 떠오를 것이다. 당신이 이 질문을 읽을 때마다 잠시 시간을 들여 이 순간 자기 돌봄이 당신에게 무엇을 의미하는지, 이 순간 당신에게 뭐가 좋을지 인지해 보라.

"내가 잘되기를 바란다면, 지금 나는 무엇을 해야 할까?"

이 책을 읽는 동안 자신에 대한 마음가짐을 돌아보는 것이 중요한 만큼, 구체적인 연습도 중요하다. 의식적으로 우리에게 좋은 뭔가를 하고 우리에게 해로운 뭔가를 중단하는 것이다. 우리에게 보통 문제가 되는 것은 인생이 걸린 중대한 결정이 아니라 일상의 소소한 것들이다. 자녀의 점심을 챙겨주기, 10분간 누워서 눈을 감고 휴식을 취하기, 자연을 느낄수 있는 장소에 갈 시간을 내기. 이 모든 것이 자기 돌봄이다.

아무것도
바뀔 필요가 없다면

어느 날 아침 나는 명상하는 자리에 앉아 지극히 정상적인 아침 명상을 시작했다. 그런데 그날, 정신이 맑은 상태에서 전에는 경험해 보지 못한, 그리고 결코 다시는 잊지 못할 인식을 얻었다. 갑자기 현재 상태에서 전혀 달라질 필요가 없다는 것을 안 것이다.

"나는 정확하게 지금 이대로의 상태로 있어도 문제없다. 나의 잘못과 결점, 늘 아름답지만은 않은, 그리고 이 삶에서 이 감정을 지닌 이 상태로 있어도 괜찮다. 내 인생에서 내 마음에 들지 않는 것도 그 상태 그대로 있어도 무방하고 전혀 달라질 필요가 없다."

이는 생각이나 아이디어가 아니라 한 치의 의혹도 없는

절대적인 확신이었다. 이 문장이 분명해졌을 때, 평화와 안정이 찾아왔다. 마음이 가벼워지고 기쁨이 솟구쳤다. 물론 한참 전에 일어난 일이지만 지금도 그때의 큰 기쁨을 느낄 수 있다. 끔찍한 악몽에서 깨어나서, 모든 것은 단지 기분 나쁜 꿈에 지나지 않는다는 것을 확인한 느낌이었다.

명상을 마치자, 나의 비판적인 목소리가 서서히 돌아왔다. 요즘에는 다시 시급히 바뀌어야 한다고 생각하는 것들 몇 가지에 대한 목소리가 종종 들린다. 그럼에도 불구하고 이제는 뭔가가 달라졌다. 내 마음 한구석에서는 변해야 한다는 모든 망상이 쓸데없고 불필요하다는 것을 알고 있기 때문이다.

나는 한동안 "이 상태 그대로도 상관없다"라는 느낌을 의뢰인에게 쉽게 전달할 방법을 고민했다. 혹시 당신은 언젠가 사랑하는 사람이나 반려동물의 생명에 대해 걱정해 본 경험이 있는가? 어쩌면 가족 중에 누군가 큰 사고를 당했다는 전화를 받은 적이 있을 수도 있다. 혹은 사랑하는 사람이 병원에 다녀와서 비관적인 소식을 전해줄 수도 있고 반려동물이 실종되거나 며칠째 아무것도 안 먹어 걱정한 적이 있을 수도 있다.

당신에게 이런 경험이 있다면, 그때의 느낌을 기억해 보

라. 아마 당신이 그 상대에 대해 평소에 느끼던 분노는 갑자기 완전히 사라지고 오로지 그 상대가 무사하기를 바라는 소원을 빌게 될 것이다. 당신의 안에 그에 대한 사랑만이 존재한다는 사실을 선명하게 느꼈을 것이다.

갑자기 죽을병에 걸린 사람에게는 그렇게 끔찍해 보이던 세상이 갑자기 믿을 수 없이 아름다운 낙원으로 보인다고 한다. 건강한 몸으로, 이 아름다운 세상에서 하루라도 더 살고 싶은 마음이 간절할 것이다. 건강하고 고통에서 벗어난 인간의 삶은 하루하루가 말로 표현할 수 없는 선물이다. 예전에 어떤 일상적인 문제로 절망에 빠졌더라도, 이제 그런 문제는 갑자기 사라지고 대신 존재의 완성과 순수한 생명이 눈에 들어온다.

"내가 잘되기를 바란다면, 지금 나는 무엇을 해야 할까?"

나에게
찬성하기

유명한 심리치료서 중에 제목이 『나도 문제없고 너도 문제없
어Ich bin o.k., du bist o.k.』라는 책이 있다. 제목이 자신에게 문제
가 없다는 것을 아는 동시에 사랑하는 사람을 있는 그대로의
모습으로 받아들이고 싶은 바람을 잘 표현했다. 이는 많은
사람들이 품고 있는 욕망을 건드린다. 우리 인간은 자신의 삶
에서 더 많은 것을 받아들이기 위해 많은 노력을 기울이고
있다.

특히 단순하면서도 효과가 없는 방법을 즐겨 사용하는데,
바로 자신을 좋아하려는 시도다. 이런 시도는 보통 내가 앞
에서 언급한 긍정적인 사고의 형식으로 이루어진다. 사람들
은 흔히 스스로에게 "나는 끄떡없어"라는 말을 한다. 안타깝

게도 본인 스스로 이를 믿기는 쉽지 않기에, 큰 효과가 없다. 마음속의 비평가는 내면의 목소리 중에서 여전히 권위가 높기 때문이다.

많은 자기계발서에서는 여전히 자기수용의 방법으로 사람들이 좋아하는 본인의 특징을 찾을 것을 권한다. 거기에 초점을 맞춰 본인이 무엇에 자부심을 느끼는지, 본인이 무엇을 특히 잘하는지를 살펴보기를 권한다.

어떤 사람이 무질서하거나 직장에서 여전히 근무 의욕이 없는 것을 놓고 자신을 비난할 때는, 재구성(Reframing, 같은 일에 대하여 다른 의미를 부여하거나 관점을 바꿔서 보는 것을 뜻하는 심리학 용어—옮긴이)이라는 방법을 권한다. 재구성할 때는 원치 않는 본인의 특징에 어떤 긍정적인 면이 있는지 분명히 깨닫도록 한다. 책상이 어지러운 사람은 혼란 상태를 잘 견딘다는 장점이 있다거나 보다 자율적으로 일하는 성향이 있을 것이라는 식이다.

하지만 이 모든 노력에도 불구하고 자기를 좋아하는 일은 정말 쉽지 않다. 사람에게는 본능적으로 판단하고 비난하는 특징이 있고, 우리는 그 부분에 사로잡히기 쉽기 때문이다. 현실적인 자기 수용은 자신의 모든 특징과 느낌에 찬성한다는 것을 의미한다. 현실적으로 이것을 가능하게 하는 유일한 방법이 있다면, 선악에 대한 모든 판단을 포기하고 단순하게 그것이 무엇인지 인지하기만 하는 것이다.

"아, 나는 코가 좀 길어. 나는 아이들하고 있을 때 성급하게 굴 때가 많아. 스트레스를 받으면 화가 울컥울컥 나서 정말 참기가 힘들어. 그런데 이런 특징이 나 때문은 아니잖아. 어머니는 코가 길었고 내 성격이 급한 것은 아버지를 닮았지. 아버지도 참 화가 많으셨어. 아이들에게 화내지 않으려면 몇 가지만 바꾸면 된다는 것을 나도 알고 있으니 그 방법을 쓰면서 연습해야겠어. 하지만 이런 행동 방식 때문에 나 자신을 비난하지는 않을 거야. 그럴 이유가 없으니까."

실제로 우리가 인지할 자세를 갖추는 순간, 변화에 대한 모든 바람은 사그라진다. 당신이 "내 안의 느낌이 어떤 것이든 상관없어. 나는 그 감각에 맞서 싸우는 대신 그것을 느낄 준비가 되어 있으니까"라고 스스로에게 말할 수 있다면, 내면의 싸움은 중단되고 마음에 평화가 오며 긴장이 해소되는 것을 느낄 수 있을 것이다.

당신을 티끌만큼도 바꿀 필요가 없다. 그저 지금 당신의 모습 그대로를 찬성하기만 하면 된다. 변화보다 훨씬 더 중요

한 것은 수용이다. 마음 깊이 행복을 찾는 사람은 아무것도
바꿀 필요가 없다. 진정한 마음의 평화는 우리가 지금 이대
로의 모습에서 더 이상 변할 필요가 없을 때 찾아온다.

결국 수용에서 중요한 것은 언제나 그때그때 생기는 사건
이나 사실과 연관된 감정을 받아들이는 것이다.

사랑하는 사람의 죽음을 내가 받아들이고 싶다면, 나 자
신의 비통한 심정과 버림받은 것 같은 내 느낌을 받아들이
고, 이 고통스러운 감정 앞에서 나 자신을 개방할 자세를 갖
춰야 한다.

내 욕구에
주목하기

인간의 외형이 천차만별인 만큼, 저마다 좋아하는 것이나 관심사도 각양각색이다. 어떤 사람은 달다고 말하는 음식을 다른 사람은 신맛이 난다고 말한다. 수공에 솜씨가 뛰어난 사람이 있는가 하면 앉아서 독서로 시간을 보내는 사람도 있다. 혼자 있기를 좋아하는 사람이 있고 계속 다른 사람과 어울리기를 좋아하는 유형도 있다.

사람은 자신의 특성에 맞게 살 때, 만족을 느낀다. 이때 행복감이 찾아오는 것은 마음의 갈등이 끝나고 한쪽으로 기울어진 내면의 상태가 균형을 되찾기 때문이다.

스트레스는 대부분 우리가 우리 자신의 욕구를 무시하기 때문에 생긴다. 물론 불가피한 상황이 있다. 밤에 제대로 잠을 못 이루다가 아침에 알람 때문에 잠에서 깨어날 때, 두 시간은 더 자고 싶어도 정시에 출근하려면, 혹은 아이들을 챙겨주려면 지금 일어나야 한다. 이런 경우에 우리는 우리 자신의 욕구를 팽개친다.

이와 다르게 우리의 욕구에 따라 행동할 자유를 누릴 순간도 얼마든지 있다. 하지만 유감스럽게도 우리는, 진정한 문제는 내면의 자유라는 사실을 전혀 인지하지 못할 때가 있고, 모든 것을 외적인 조건 핑계로 떠넘긴다. 그리고 "물론, 나는 이렇게 하고 싶었지만…"이라고 말한다. 이런 문장에는 흔히 책임이 있는 다른 사람이나 외부 상황에 대한 언급이 이어진다. 그로 인해 자기 뜻대로 할 수 없었다는 것이다. "나야 정말 하고 싶었지만, 남편이 너무 싫다고 하는 바람에…", "아이들 때문에 안 돼…", "근무 중이라 꼼짝할 수가 있어야지…"

"내가 잘되기를 바란다면, 지금 나는 무엇을 해야 할까?"

,

나를 찾아온 어느 의뢰인은 휴가 때 여행을 가고 싶은데 남편이 집에 있기를 좋아하고 여행이라면 질색인 것이 고민이라고 털어놓았다. 여러 해 동안 이 사람은 남편을 위해 여행을 포기했고 휴가 때는 같이 집에서 쉬거나 짧게 근교를 다녀왔다. 그래서 불만이 쌓였다.

세미나에 참석한 어떤 사람은 남편과 안 가본 대륙이 없다고 했다. 하지만 어느 시점에 이르자 계속 길게 여행하는 것이 피곤했고, 여행하는 동안 내내 마음이 불안하고 긴장이 되었다고 했다. 여행을 간 그 모든 장소에 감흥이 없어졌고, 이제 여행이라는 말만 들어도 스트레스를 받는다고 했다. 이제 와서 생각하니 오랜 여행이 자신에게는 맞지 않았다는 것이다.

여행을 좋아하는 사람은 언제든 마음껏 여행을 다니고, 여행이 싫은 사람은 언제든 집에 있을 수 있다면 얼마나 좋을까?

자기 자신만의 욕구를 인지하는 것은 쉽지 않다. 욕구는 우리가 누군가의 얘기를 듣거나 다른 사람을 보고 배우거나 아니면 한창 유행을 타는 것 등, 여러 가지가 쌓여서 형성된다. 요즘은 우리가 방향을 정하거나 욕구를 분류하는 데 의존할 규칙 또는 기준은 아예 없는 것처럼 보이기도 한다.

아이를 낳고 함께 살려면 우선 어른들의 허락을 받아 결혼해야 하던 시대는 지났다. 아빠를 모르는 아이를 낳은 사람은 동네에서 얼굴을 못 들고 다니는 것은 물론, 자기 집안에서도 눈에 띄지 말아야 하는 시대도 있었다. 오늘날 동네의 규칙을 정하던 마을 목사는 더 이상 없으며, 동네 사람들도 훨씬 더 너그러워졌다. 하지만 지금도 우리가 자신만의 욕구에 따라 살기는 쉽지 않다.

오늘날에는 다른 기준이 적용된다. 휴가는 어디로 가고 얼마나 자주 가는지, 아이들을 어느 학교에 보냈고 어느 대학에 들어갈 것인지, 유기농 제품이나 친환경 고기를 살 것인지, 비싼 신형 차를 가졌는지 등등. 이뿐만 아니라 더 많은 것들이 새로운 기준이 되어 우리가 자신의 욕구를 인지하고 그에 따르는 것을 방해한다.

하지만 우리를 정말 방해하는 것은 이런 기준이 아니라 그런 기준을 따라야 한다고 생각하는 믿음이다. 온라인 최저가로 산 청바지를 입고 외출한다고 해서, 또 모든 아이가 명문대에 가지 않는다고 해서 나쁠 것은 전혀 없다.

얼마 전에 나는 지인과 친구들을 대상으로 욕구 중에 어떤 것을 자주 무시하는지 간단한 설문조사를 했다. 다음은 그들의 응답 중 일부를 발췌한 것이다.

억눌린 나의 욕구들

- 피곤할 때 자기, 전체적으로 충분한 수면

- 규칙적인 식사와 휴식

- 뜻밖에 주어진 정말 자유로운 주말

- 온 가족과 보내는 시간이나 아내와 단둘이 있는 시간

- 가족 없이 혼자 여행을 떠나기

- 집 청소를 하지 않고 소파에 눕기

- 휴가 전후로 하루이틀은 더 쉬기

자신의 욕구대로 사는 것은 작은 일에서 시작된다. 나는 먹고 싶은 것을 먹고, 먹고 싶을 때 먹는가? 나는 마음껏 술을 마시는가? 내 몸이 원하는 때에 원하는 시간만큼 잠을 자는가? 나는 내 욕구에 따라서 혼자 있기도 하고 다른 사람과 같이 있기도 하는가? 나는 내 몸이 원할 때마다 긴장에서 벗어나 아무것도 하지 않기도 하고 적극적으로 활동하기도 하는가?

위의 예시들은 평범하고 작고 진부한 것 같지만 우리는

바로 이런 것 때문에 좌절할 때가 있다. 스스로 언제 목마른지, 언제 배가 고픈지, 어떤 상태일 휴식이 필요한지 모를 때가 많기 때문이기도 하다.

자신의 욕구에 따라 산다는 것은 다른 사람의 감정을 무시하고 삶을 즐긴다는 의미가 아니다. 자신의 욕구에 따라 산다는 것은 순수한 이기주의로 끝날 수 있는 자기 중심적 태도가 아니다. 우리 자신의 욕구가 무엇인지 밝혀내고 그다음, 우리가 그중에 어떤 것을 어떤 형태로 실현할 수 있는가가 중요하다.

인간의 삶은 신청곡을 틀어주는 음악 프로그램이 아니며, 개인의 모든 욕구를 실현할 수도 없다. 우리는 늘 타협할 자세를 갖추고 다른 사람의 욕구를 위해 자신이 원하는 것을 보류할 줄도 알아야 한다. 하지만 가장 중요한 문제는 자신의 욕구가 무엇인지 인지하는가이다. 그래야 그것을 이행할지 또는 보류할지 결정할 수 있기 때문이다.

앞에서 말한 것처럼, 자기의 욕구를 인지하는 것이 중요하기 때문에 나는 행위와 관련된 조언을 자제했다. 수많은 책에서 행위에 대해 끊임없이 추천한다. "목욕을 자주 해라", "매일 운동을 해라", "가장 친한 친구와의 대화를 늘려라",

"자신과 자신의 사소한 결점을 무조건 받아들여라" 등등.

이런 조언을 좋아하는 사람이 많다. 무엇을 해야 하는지 알고 나면 이런 조언을 가슴에 새기면서 올바른 길에 들어섰다는 느낌을 받을 수 있기 때문이다. 안타까운 점은 이를 통해 새로운 기준이 생긴다는 것이다. 그리고 이 기준에 충족하지 못할 때, 자기 비난의 위험이 늘 도사리고 있다.

사람은 자신의 감정이나 욕구를 전혀 인지하지 못하는 경우가 많다. 불특정 다수를 대상으로 한 조언에 흔들리지 말고 당신에게 무엇이 어울리는지 탐구하고, 밝혀내야 한다. 내면의 느낌을 아주 정확하게 꾸준히 인지하고, 그 느낌에 계속 주목하는 능력을 키워야 한다.

이 과정을 수행하며, 상대에 대한 잘못된 배려에서 보류한 욕구나 인지할 용기가 나지 않았던 전혀 몰랐던 욕구가 갑자기 떠오를 수도 있다. 당신의 경우에는 무엇이 떠오르는가?

목록
작성하기

자기 돌봄은 자신이 마음속으로 간절히 원하는 것은 무엇이고 무엇이 아닌지 분명히 알려준다. 그다음에는 하고 싶은 일을 위해 전력을 다하도록 돕는다. 중요한 점은 우리가 자신의 가치를 인식하고 그 가치에 맞춰 살아간다는 점이다.

예를 들어 어떤 가장이 아이들과 충분한 시간을 보내는 데 가치를 두면서도 현실에서는 너무 바쁘고 때로는 한 주의 절반을 회사에서 지낸다면, 그는 불만스러운 상황에 빠질 수밖에 없다. 이런 사태가 장기화되면, 그는 자신의 이상과 가치에 충실하지 못하기 때문에 자신을 무가치하게 보게 된다. 이 모든 것을 자신의 책임으로 돌리며 아버지로서 실패했다는 자책을 하게 될 수도 있다. 그렇기에, 우리가 자신의 가치를 인지하고 그 이상에 따라 살 용기를 키우는 것은 아주 중요하다.

앞으로 다시는 하고 싶지 않은 행동과 앞으로 더 자주 혹은 꼭 하고 싶은 행동을 표로 작성하는 것이 내가 추구하는 가치를 찾는 데에 큰 도움이 될 수 있다. 다음은 내 의뢰인이 작성한 목록이다. 그는 2주를 들여 이 목록을 만들었는데, 한쪽에는 '긍정'이라는 말이, 다른 쪽에는 '부정'이라는 말이 붙어 있다. 상담을 마친 직후, 아침에 일어나서, 혹은 잠자리에 들기 전 등, 그는 늘 이 쪽지를 가지고 다니며 틈틈이 생각에 잠겼다고 한다.

마침내 이 의뢰인은 자신에게 실제로 중요한 여덟 개 항목을 모으기에 성공했다. 그는 이 목록을 작성하기까지 자신이 얼마나 힘들었는지 나에게 설명했다. 그는 필요한 항목을 적었다가 다시 삭제했다. 그러다 결국 현실적으로 그의 마음에 와닿는 항목만 남게 되었다.

부정 목록에서는, 그 오랜 세월 자신에게 불친절하게 굴어서 생긴 고통에 매달릴 수밖에 없었다고 한다. 긍정 목록에서는 기쁨이 생겼지만, 마음속의 비평가가 즉시 각각의 항목을 실천하는 것에 대해 의심하는 느낌을 받기도 했다.

내 의뢰인의 긍정과 부정 목록

부정 목록: 다시 하고 싶지 않은 일	긍정 목록: 앞으로 꼭 하고 싶은 일
저녁 8시 이후까지 사무실에 앉아 있기	적어도 한 주에 하루는 절대 일하지 않기
너무 압박감을 심하게 받아 결국 잠을 이룰 수 없어서 수면제를 복용하기	내 어린 딸을 위한 시간을 더 확보하기
처가에서 2~3일 이상 머무르기	하루를 온전히 시작하기 위해 아침에 더 일찍 일어나기
바람피우기	
아플 때 출근하기	

이런 목록을 작성할 때는, 좀 더 건강하게 살기 위해 행동을 어떻게 바꿀지 알아내는 것만큼, 변화를 위한 동기부여의 여건을 만드는 것도 중요하다. 그러기 위해서 각 목록의 각 항목에 연관된 고통을 충분히 이해해야 한다. 따라서 목록을 작성하는 것뿐만 아니라 그 내용을 소화하면서 끝까지 버텨내는 것도 도전적인 과제라고 할 수 있다.

내 의뢰인은 이 부분을 잘 해냈다. "아침마다 정신없이 하루를 시작하는 것이 스트레스를 준다. 잠이 깨지 않은 상태로 출근할 때까지 온 집안을 뛰어다닌다. 하루를 여유롭게 시작하고 싶은 마음이 간절하다."

심리치료를 하면서 우리는 절망과 변화는 가까이 있다고 말한다. 사람은 절망과 고통을 제대로 느껴본 다음에야 분명한 결정을 내릴 수 있기 때문이다. "앞으로는 그렇게 하지 않을 것이다. 그러기에는 내 인생이 너무 짧으니까."

혹시 당신의 긍정 목록과 부정 목록에 들어갈 항목이 한두 가지 떠오르지 않는가? 며칠 동안 종이를 가지고 다니며 이런 목록을 작성해 보면 어떨까?

이런 목록을 초안이라도 작성하는 데 성공한 사람이라면 분명히 더 만족스럽고 즐거운 삶을 누릴 수 있을 것이다. 자신의 욕구나 내면의 가치와 더 조화로운 삶을 영위할 것이며, 이를 통해 자신에게 더 친절하게 대하게 될 것이다.

지나친 요구에서
해방되기

사람은 거의 누구나 자신에게 지나친 요구를 하며 이것을 달성하기 위해 지나치게 노력한다. 그 유명한 "완벽한 사람은 없다"라는 격언은 다른 사람들에게나 적용한다. 우리가 자신을 볼 때는 별로 호의적이지 않다. 다른 사람을 위로할 때는 저 격언을 자주 들먹이면서, 정작 자신에게는 노력해서 완벽해지기를 바란다.

누구나 나름대로 완벽주의를 적용하려는 특정 영역이 있다. 어떤 사람은 실수를 용납하지 않는다. 어떤 사람은 남들보다 더 큰 성공을 거둬야 직성이 풀린다. 작게는 어디서도 본 적 없는 놀라운 생일 파티를 준비해야 직성이 풀리는 사람도 있다. 심지어 병이 들었을 때, 자신이 더 잘 버티기를 바라는 사람도 있다.

오랫동안 내 야심은 모든 일을 신속하게 해치우는 것에 맞춰져 있었다. 무슨 일이든 바로 해치우고 그다음 일을 또 신속하게 마무리했다. 나는 아침에 20분이면 출근 준비를 마칠 수 있는 것이 자랑스러웠다. 빠르게 학업을 마친 것에 늘 자부심을 느꼈다. 심리 공부를 하고도 한참 시간이 지난 뒤에야 내가 허겁지겁 사느라 인생을 허비했다는 사실을 뒤늦게 깨달았다.

지나친 요구는 유감스럽게도 자기 돌봄에서 추구하는 가치와 관계가 있을 수도 있다. 궁극적으로 자기 자신을 항상 친절하게 대하고, 다른 사람들에게 관대한 마음을 발휘하며 삶에서 주어지는 모든 것에 고마워하고 더 이상 자신을 비난하지 않는 것, 우리는 스스로 이런 자신을 기대하면서 그 기대감으로 우리 자신에게 압박을 가할 수 있다.

"저는 명상을 20년째 하고 있는데도 같이 사는 파트너가 문법이 틀린 문자를 보낼 때마다 화가 나요." 내 의뢰인이 한탄조로 늘어놓은 말이다. 이 사람은 모든 분노를 이겨내야 한다는 자신에 대한 욕구가 있었다. 이 밖에도 이 의뢰인은 좋은 일이든 힘든 일이든, 살면서 자신에게 닥친 모든 일을 고

맑게 생각하려고 했다. 또 모든 존재를 너그럽게 보려고만 했으며, 절대 육식을 금하고 매일 명상을 했다.

당신 역시 자기 돌봄 때문에 스트레스 받는 것은 아닌지 확인해 볼 수 있다. 혹시 이런 생각을 해 본 적이 있는가? "어휴, 어떻게 이걸 다 해? 다른 사람이라면 몰라도 내가? 아무래도 너무 힘들겠는걸."

,

자신에게 친절해지기 위해 스트레스를 받을 이유는 없다. 마음의 문제에 관심을 기울인다는 것은 아주 좋은 일이지만, 가능하면 신속하게 익히고 평가받는 업무 같은 것은 절대로 아니다. 지나친 요구는 자존심의 세계에 속하지, 자기 돌봄에 포함되는 주제가 아니다.

자존심을 높이고 싶은 사람은 어떤 면에서 남들보다 우수해야 한다. 평균의 능력으로는 어쩔 수 없이 자존심이 손상되는 순간이 오기 때문이다. 높은 수준에 도달하기 위해 무척 노력해야 할 것이다. 현대 사회의 안타까운 점은, 모든 사람이 똑같은 목표를 세우고 똑같이 자신에게 지나친 요구를 한다는 점이다.

대부분의 영역에서 우리는, 남들보다 두각을 나타내면 즉시 다른 사람의 경쟁자가 되어 추월당하고, 이를 다시 만회하기 위해 끝없는 노력을 기울이며 살아간다. 이 세계에서는 "나는 더 이상 참여하지 않는다"라는 말을 감히 할 수 없다. 이렇게 말하는 사람은 그 순간 자존심이 손상되고, 스스로 무가치하게 느끼는 동시에 경쟁에서 낙오할 것이기 때문이다.

지나친 요구에 실패하는 때도 문제가 발생하지만, 그 요구에 따른 노력을 하는 동안 지속적인 긴장 상태로 살게 되는 것도 큰 문제가 된다. 물론 높게 설정한 목표를 충족하며 큰 성공을 거두는 경우도 많다. 하지만 그렇다고 해서 마음속의 불평하는 목소리가 "정말 완벽해! 너무 잘했어!" 드디어 목표에 도달했구나! 이제 푹 쉬렴"이라고 말하지는 않는다. 대부분 목표치를 몇 센티미터 더 높일 것이다.

마라톤에 출전했는데, 골인 지점을 500미터를 앞두었을 때, "경주 구간을 5킬로미터 연장합니다"란 팻말이 보이는 상황은 얼마나 끔찍한가! 만약 당신이 그 새 목표치를 달성해 낸다고 해도 그 팻말은 계속 새로 생겨나며 달려야 하는 구간을 연장할 것이다.

미국의 공감 전문가 타라 브랙Tara Brach의 강연에 따라서 간단한 설문지를 만들었다. 모든 문항을 '자기 자신에 대한 지나친 요구'라는 주제에 맞게 다듬은 것이다. 각 문항을 꼼꼼하게 읽어보고 "네"라는 대답을 할 수 있는지, "아니요"라는 대답을 해야 하는지 진지하게 생각해 보자.

자신에 대한 과한 요구의 목록

- 나는 카페인(커피) 없이 하루를 시작할 수 있는가?
- 나는 힘든 상황에서도 때때로 작은 기쁨을 느낄 수 있는가?
- 나는 연인이 때로 너무 바빠서 둘이 함께 시간을 보내지 못하는 상황을 항상 이해하는가?
- 누군가가 잘못된 상황에 대해 잘못이 없는 나에게 화풀이를 할 때, 태연할 수 있는가?
- 나에 대한 비난을 하는 사람을 알게 되어도 불쾌한 느낌 없이 못 들은 것처럼 지낼 수 있는가?
- 나는 거짓과 속임수 없이 1년 이상 살 수 있는가?
- 나는 의료적 지원 없이 스트레스를 이겨낼 수 있는가?
- 나는 알코올 없이 긴장을 해소할 수 있는가?

,

이 모든 질문에 "네"라고 대답할 수 있다면 당신은 사람이 아
닐 것이다.

Chapter 08.

고립 대신 연결을
선택하는 법

당신은
혼자가 아니다

우리는 다른 사람들과 결속된 느낌이 어떤지 알고 있다. 우리는 세상과 격리되어 있다는 것이 어떤 느낌인지도 정확하게 안다. 우리가 위기 상황에 놓이거나 힘든 시간을 보낼 때, 다른 사람들과 격리되었다는 느낌을 받을 때가 있다. 그럴 때는 나에게는 문제가 생겨 고생하는데, 다른 사람들은 모두 잘 지내고 행복한 생활을 한다고 종종 생각한다.

격리되고 떨어져 나가고 고립되었다는 느낌은 많은 사람에게 몹시 고통스러운 경험이다. 반대로 결속감은 인간이 겪을 수 있는 것 중에 아주 아름다운 경험에 속한다. 이때는 기쁨에 넘쳐 온 세상을 안을 수 있을 것 같고 생전 처음 보는 낯선 사람도 친한 친구 같은 느낌이 들 것이다.

격리된 느낌과 결속되었다는 느낌이 어떤지 좀 더 자세하게 알아보려면 최근에 당신이 겪은 일 중 힘들었던 상황을 하나 떠올려 보자. 아마 당신의 기분이 무척 상한 사건이 떠오를 것이다. 갈등이 발생했거나 당신의 실수가 있었거나 혹시 재난을 당한 것은 아닌가? 구체적으로 어떤 상황이 떠오르는가?

당신 혼자만 이런 경험을 했고 비슷한 경험을 한 사람을 주변에서 본 적이 없다고 상상해 보자. 그런 상황에 빠진 것은 당신의 개인적인 실패라고 할 수 있다. 당신의 느낌을 이해하고 완전히 공감해 줄 사람은 아무도 없다. 다른 사람에게는 완전히 낯선 일이기 때문이다.

이런 경험을 오로지 당신 혼자만 했다는 것을 알 때, 어떤 느낌이 드는지 인지해 보자.

,

이제 다른 사람에게도 당신과 똑같은 일이 일어났다고 상상해 보자. 당신 혼자만 한 경험이 아니다. 그런 상황을 다른 사람도 거의 한 적이 있다. 당신이 느낀 것은 지극히 정상이다.

215

이런 경험을 혼자만 한 것이 아니라는 느낌이 어떤지 인지해 보자.

,

당신 혼자만의 느낌이라는 생각과 다른 사람에게도 똑같은 일이 일어났다는 평가 사이에 뚜렷한 차이를 혹시 느꼈는가?

사람들은 자신의 경험이 혼자만의 것이 아니라는 사실을 알 때, 대부분 믿을 수 없이 홀가분해한다. 골똘히 생각에 잠겨 자기 비난을 하는 반응은 사라지고 수치심과 죄책감도 줄어든다. 결속감이 사람에게 좋은 것은 무엇보다 인체의 안심 시스템을 활성화하기 때문이다.

어쩌면 사람은 주변 환경과의 연결고리가 필요하다. 고립은 사람의 발전을 방해하고 병들게 한다. 지속적으로 다른 사람과 결합되어 있다고 느끼고 주변과의 유사성을 인지하는 일은 개개인에게 몹시 바람직하다.

하지만 부분적으로 요즘 사회적 추세는 반대 방향으로 가고 있다. 다른 사람과 차별화되고 가능하면 자신만의 독특한 방식으로 살기를 바라는 사람이 갈수록 늘어나는 것이다. 평범한 것이나 정상적인 것이 끔찍한 것으로 간주되기도 한다. 갈수록 개성적인 옷차림이 늘어나고 아이들의 이름도 다른 아이들과 완전히 다르게 지으려고 노력한다.

개성에 높은 가치를 부여하는 문화에서는 공통점보다 차이점이 강조된다. 특이성과 유일성을 원하는 심리에는 자존심이라는 개념이 숨어 있다. 강한 자존심을 지키려고 노력하는 사람은 남들보다 더 뛰어나야 하기 때문이다. 하지만 개성의 증가에 대해서는 비싼 대가를 치러야 한다. 그렇게 되면 다른 사람과의 공통성에 대한 인식이 줄어드는 것이 불가피하기 때문이다.

하지만 삶에서 힘든 상황을 겪을 때는 이런 인간 경험의 공유가 중요하고 바람직한 요소가 된다. 우리가 다른 사람과 연결되어 있다고 느끼면서 자신의 경험을 정상적이라고 인식할 때, 그리고 이 힘든 경험을 혼자서 겪는 것이 아니라 다른 사람도 겪었고, 심지어 그들이 우리 곁에 있다는 것을 알 때, 우리는 삶의 어려움을 더 잘 이겨낼 수 있다. 이와 반대로 자신에게만 그런 일이 일어난다고 생각하며 아무런 심리적 지원도 받지 못한다고 느끼면, 인생의 힘든 도전을 잘 헤쳐 나갈 의지가 약해진다.

이 경험을
당신만 하는 것이 아니다

당신은 자신의 고통스러운 경험에 대해서 사람들에게 잘 이야기하는 편인가? 유감스럽게도 우리 대부분은 고통을 나누는 일에 익숙하지 않다. 그렇다고 행복한 일들에 대해서만 말한다는 뜻은 아니다. 직장에서 동료가 또 신경질을 부린다든가 알레르기성 비염이 다시 생겼다든가 하는 일에 대해서 말하기는 한다.

하지만 우리가 진정한 파멸 상황(실존적 고통이 시작되는 분야)에 대하여 타인과 의견을 나누는 경우는 드물다. 이런 상황을 아는 사람은 아주 가까운 소수의 인원에 지나지 않고, 그들도 그 상황에 대해서 매우 제한된 부분만 알고 있다.

우리 인간이 얼마나 서로 모르고 지내는가는 극단적인 상황에서 유난히 두드러진다. 누군가 자살했다는 소식을 전하면, 가까운 사람들은 몹시 당황하는 경우가 많다. 어떤 경우에도 그 사람이 자살할 수 있다는 생각은 조금도 해 보지 않았기 때문이다. 주변의 누가 자살했다는 말을 들은 사람은 흔히 "뭐라고? 그 친구가? 정말 그럴 사람이 아닌 줄 알았는데. 평소에 그렇게 구김살 없던 사람이…"라는 반응을 보인다.

삶이 정말 고달픈 사람은 그 사실을 혼자 마음속에 간직하는 경우가 많다. 결과적으로 우리는 다른 사람이 실제로 어떻게 지내는지 전혀 알지 못한다. 우리가 아는 것은 나의 의혹과 염려, 불안이고, 이런 감정은 자신을 속이고 숨기기가 훨씬 힘들기 때문에 자기 비난의 비극성은 다시 예정된 방향으로 흘러간다. 다른 사람은 여유와 자신감이 넘치는데 자신은 전혀 그렇지 못하다고 생각하는 것이다.

"내가 잘되기를 바란다면, 지금 나는 무엇을 해야 할까?"

,

우리는 마음속에서 비판적으로 인지한 것과 전혀 다른 피드

백을 타인으로부터 받을 때 종종 당황한다. 면접을 볼 때, 불안하고 합격할 가능성이 불확실하며 그 직업을 가지게 된다 해도 일을 잘할 수 있을지에 대한 의문이 있었다. 그런데도 이상하게 그 면접에서 합격한다. 그 일을 하다가 어느 날 상사에게 당시의 사정을 전해 듣는다. 상사는 우리가 당신을 채용한 것은 면접을 볼 때 좋은 인상을 주었고, 당신이 맡은 업무를 잘 해낼 것으로 생각했기 때문이라고 말한다.

이때 내면의 인지와 외부의 인지는 앞뒤가 맞지 않는다. 내면의 인지가 주변 사람들의 관점보다 훨씬 비판적이다. 이 내면적인 인지는, 마음에 아주 깊이 뿌리박혀 우리의 일부가 된 자기 비난의 결과다. 마음속의 상습적인 비난의 목소리만 활동하는 것이 아니라, 자기 비난이 정체성과 합쳐진 상황이라서 지기 비난과 최소한의 거리조차 확보하지 못한 결과값이다.

거의 모든 사람이 알면서도 말하지 않는 몇 가지가 있다. 어떤 부분은 사회적으로 언급이 금기시되어 있기 때문에 타인에게 이 이슈에 대해 말한다는 생각은 절대 하지 못하기 때문이기도 하다. 다른 사람에게도 그와 비슷한 경험이 있다는 생각 역시 꿈에도 하지 못한다. 예를 들어 다음과 같은 경험이다.

남들에게 말하지 않는 나의 비밀

- 내가 매력이 없다는 말을 믿기

- 매력을 갖기 위해서는 달라져야 한다는 확신

- 나는 일을 제대로 하지 못하고 남들은 나보다 일을 잘한다는 말을 믿기. 그에 따라 나를 실패자로 느끼기

- 삶을 전반적으로 감당할 수 없다고 느끼기

- 스스로 성숙하지 못했다고 생각하기. 나를 남들보다 더 약하고 어리며 더 순진하다고 여기기

- 살아오면서 너무도 부끄러운 짓을 저질렀다고 생각하기

오직 당신만 경험했고, 다른 사람들에게는 일어나지 않는다고 생각되는 경험이나 특징이 있는가?

이제 다른 사람들도 이런 느낌과 특징을 알 가능성이 아주 높다는 사실을 명심하자. 이런 경험을 당신만 하는 것이 아니라는 것을 인식할 때, 어떤 느낌이 드는가?

인간적 특징을
공유하기

주변 사람들과 유대감을 경험한 사람은 자신의 행동에 비난을 덜 하게 되고, 나쁜 느낌을 견디는 힘이 더 커진다. 이런 사람은, 내가 방금 느끼고 경험한 것은 개인적인 실패의 표현이 아니라 인간적인 경험의 정상적인 일부라는 것을 안다. 우리가 "나는 실패했다", "나는 해내지 못했어", "일이 그렇게 엉망이 된 것은 다 내 책임이야"라는 생각을 하는 것이 이미 우리 자신을 비난하는 것이다.

당신이 과속운전을 하다가 속도위반 단속에 걸렸다면 어떤 생각이 떠오르는가?

이제, 다음 날 뉴스에 100명이나 되는 운전자가 당신과 똑같은 구간에서 속도위반으로 걸렸다는 사실이 보도되었고,

당신은 그 뉴스를 보았다. 이제 당신은 무슨 생각을 할까?

,

우리는 부끄러운 행동 방식에 관해서도 같은 프로세스를 진행시킬 수 있다. 예를 들어 당신이 면접을 보다가 실수로 옷에 커피를 쏟았다. 이때 어떤 느낌이 들까? 당신은 무슨 생각을 할까? 그때, 면접관인 회사 직원 두 명이 그들도 과거 취업 면접을 볼 때 커피를 흘린 적이 있다고 말한다. 그러면 당신의 느낌과 생각은 어떻게 달라질까?

인간적인 특징을 공유하면 자기 비난을 막을 수 있다. 자기 비난은 나는 실패했고 나만 그렇다는 확신을 먹고 살기 때문이다. 수치심은 우리가 고립되었다고 느낄 때의 감각이다. 우리가 주변과 결합되었다고 느끼는 순간, 수치심은 사라진다. 다른 사람에게도 나와 똑같은 일이 벌어진다는 것을 알 때, 자기 비난 역시 사라진다.

고통을 나누면
반이 된다

우리가 다른 사람과 결합되어 있다는 느낌을 받는 순간, 견디기 힘든 경험은 훨씬 가벼워진다. 반대로 고립되었다는 느낌을 받을 때는 자기 비난의 문이 활짝 열린다. 일이 잘 안 풀려 고통스럽다는 느낌을 친한 친구에게 털어놓을 때, 그 친구가 "나도 알아"라는 반응을 보이면, 상황은 한결 쉬워 보인다. "고통을 나누면 반이 된다"라는 말은 이런 의미일 것이다. 어쩌면 저 말에는 다른 의미도 포함된 것 같다. 나만 고통을 짊어진 것이 아니며 다른 사람에게도 나와 같은 일이 일어난다면, 고통스러운 경험을 더 쉽게 극복할 수 있다는 의미.

트라우마에 시달린 사람을 연구했을 때의 결과에서는 이런 상관관계가 아주 분명히 드러난다. 우리는 당사자가 존재

224

의 위기를 느끼는 상황을 트라우마라고 표현한다. 전쟁 트라우마나 망명자 트라우마, 기아 위기처럼 대규모 집단의 사람들이 겪는 트라우마가 있다. 1945년 2월, 드레스덴 폭격의 밤에 현장에 있던 사람은 자신의 운명을 수많은 다른 사람과 함께 공유했다.

개인적인 트라우마는 어릴 때의 학대나 폭력일 것이다. 연구 결과는 사람이 자신의 운명을 혼자 겪지 않을 때 그 충격을 더 쉽게 극복한다는 것을 보여준다. 타인에게 자신의 고충을 털어놓을 수 있는 사람, 다른 사람들에게도 같은 일이 일어난 것을 알기에 자신의 느낌은 아주 정상이라는 것을 아는 사람은 누구에게도 말하지 못하는 트라우마를 겪은 사람보다 끔찍한 경험과 기억을 더 잘 견뎌낸다.

여기서 결속된 인간성의 중요한 의미가 잘 드러난다. 유대감을 느끼는 사람은 세상에 혼자라고 느끼는 사람보다 도전적인 상황을 더 쉽게 극복한다.

나는 한동안 자조 모임에 전문 상담가로 참여했다. 이 모임에서 아주 인상 깊었던 경험 중 하나는, 한 사람이 자신에 대한 얘기를 하는데 갑자기 다른 사람이 "아니, 당신도 그런 경험을 했다고요? 이럴 수가! 나만 그런 경험을 했다고 생각했는데!"라고 외친 일이었다.

거기 모인 사람들은 누구나 비슷한 경험을 할 수 있고 자신의 느낌이 혼자만의 것이 아니라는 것을 알고 마음의 짐을 덜었다고 털어놓았다. 이 집단에서 흥미로웠던 것은 과거의 부담이나 현재 부담의 크기가 실제로는 절대 변하지 않았다는 것이다. 일정한 어려움은 계속 그 자리에 있었고 심리적인 증상은 이 모임을 통해 단번에 사라지지 않았다. 하지만 당사자들은 믿을 수 없이 마음이 가벼워진 것을 느끼면서 모임이 끝나 집에 돌아갈 때는 훨씬 부담이 줄어들고 안정된 상태를 경험했다.

우리는 모두
연결되어 있다

긴 시간의 명상을 마친 뒤에 아주 인상적인 경험을 한 적이 있다. 내가 만난 모든 사람, 그리고 동물과 식물까지도 나와 깊이 연결된 느낌을 받은 것이다. 명상할 때나 명상을 마친 뒤에 간혹 경험한 일이지만, 이번에는 특히 결합된 느낌이 오래 유지되었다.

이는 관심사가 같거나 똑같은 사람을 알고 있을 때 혹은 같은 나라를 여행한 인연 때문에 생기는 공통점과는 달랐다. 훨씬 깊은 측면에서 "우리가 하나의 전체를 이룬다"라는 느낌을 알게 된 것이다. 상대와 내가 물리적인 측면에서만 떨어졌을 뿐, 실제로는 서로 불가분의 관계로 결합되어 있다는 느낌이었다. 나는 거리에서 마주치는 노숙인, 공원에서 발견한

227

개미도 나와 연결되었다고 느꼈다. 이 느낌의 결과 나는 모든 생명체에 대하여 개방된 자세를 취하게 되었다.

혹시 당신은 이와 비슷한 경험을 한 적이 있는가? 예전이나 최근에 타인과 몹시 긴밀하게 결합되어 있다는 느낌을 받은 적은 없는가? 이런 결합 상태는 아주 다양한 강도로 나타난다. 당신은 모든 사람과 하나라고 느끼며 우리가 "한 배에 탔다"는 것을 인지한다. 본능적으로 느끼는 타인과의 차이 대신 인간적인 공통점을 인지한 것이다.

이 느낌은 다른 인간과의 관계를 넘어, 자연과 가깝다는 경험을 안겨주기도 한다. 당신은 나무를 안을 수도 있고 그 나무를 친구라고 인식할 수도 있다. 혹은 동물과 하나가 된 느낌이 들 수도 있고 반려동물과 마음이 통하는 것 같은 느낌을 받기도 한다.

당신은 혹시 인간의 유전자가 침팬지와 99퍼센트 가까이 동일하다는 사실을 알고 있었는가? 남성이라면 여성보다 침팬지와 더 가깝다. 수많은 연구 결과에 따르면 남성은 자신의 여성 배우자보다 침팬지 수컷과 더 가까운 유전자형을 가지고 있다.

"내가 잘되기를 바란다면, 지금 나는 무엇을 해야 할까?"

,

몇 년 전부터 시골의 낡은 집을 보수해서 그곳에서 살면서, 나는 이미 죽은 지 오래되어 나와 알고 지낼 수 없는 사람들과 내가 결합되어 있다는 느낌을 받았다. 50년 전이나 100년 전에 그곳에 산 누군가가 사과나무를 심었다. 나는 그를 알수 없지만 가을이 되면 사과를 딴다. 그는 그 집에서 행복하게 살려고 했을 것이고, 나와 똑같이 고통스러운 경험을 하기도 했을 것이다.

나는 우연히 마당 한구석에서 탄피를 발견하고는 한때 그곳에서 살았던 사람이 느꼈을 불안을 감지했다. 또 오래된 사진도 보았는데, 사진 속에 있는 사람의 얼굴에서는 요즘 내주변 사람들의 얼굴에서 보는 것과 똑같은 표정을 발견하기도 했다.

이와 비슷한 일은, 내가 15세기에 지은 집에 들어가 살면서 그 공간에서 일어난 모든 일을 상상하려고 했을 때도 일어났다. 약 25세대가 그 집에서 사랑하고 괴로워하고 싸우면서 살았을 것이고, 아마 그들 중 다수는 그 집에서 죽기도 했을 것이다. 그 모든 사람과 우리는 아주 다양한 방법으로 연결된 것이다.

불교 승려 틱낫한Thich Nhat Hanh은 '상호 존재Intersein'라는 개념을 만들었다. 상호존재란 만물이 만물과 밀접하게 결합되어 있으며 다른 것과 분리된 존재는 하나도 없다는 뜻이다. 정신적인 측면에서 우리는 모두 신의 일부이거나 우리 마음속에 신이 깃들어 있으므로 분리된 자아가 존재하지 않기 때문이다.

당신이 버스를 타고 가는데 기분이 좋지 않다고 치자. 세상과 차단되었다는 느낌을 받는 것이다. 이때 상호 존재의 개념을 떠올린다면 당신은 실제로 고립된 것도 아니고 차단된 것도 아니라는 사실을 깨달을 것이다. 버스에는 많은 사람이 있기 때문이다. 운전사가 승객을 태우고 가고 있다. 운전사가 없이 당신은 한 발짝도 가지 못한다. 길거리에 달리는 자동차도 사람이 운전하는 것이다. 당신은 모든 사람과 똑같은 공기를 마시고 있고, 공기가 없다면 당신의 신체는 살아남지 못한다.

구름 뒤에서 빛을 비추는 태양을 보라. 태양이 없다면 생명도 없으며, 또 구름 뒤의 비가 없다면 생명은 존재할 수 없다. 당신의 위에는 가족과 먹은 아침 식사가 들어 있다. 당신이 밥을 만드는 곡식도 해와 비가 없다면, 밭의 주인인 농부가 없다면 자랄 수 없다. 이 모든 이치를 아는데도 당신은 아직도 자신이 분리되고 고립되었다는 느낌을 받는가?

당신에게 아주 친밀한 사람을 떠올려 보자. 당신의 배우자, 당신의 자녀, 당신의 부모, 친구, 반려동물. 그 대상을 찾아냈다면, 이제 결합되어 있다는 느낌이 정확하게 어떤 것인지 인지할 수 있을 것이다. 이제 당신은 어떤 느낌이 드는가? 당신이 그 사람과 가까이 있다고 생각할 때, 심장의 느낌은 어떤가? 어떤 감각이 일깨워지는가?

,

이제 당신이 중립적인 자세를 취할 수 있는 사람을 상상해 보자. 당신의 이웃 사람, 오늘 우연히 만난 옛 친구, 가끔 인사하는 직장 동료, 버스 운전사, 자주 가는 가게의 직원,

비록 당신의 친구가 아니라고 해도, 또 개인적으로 말을 나눠본 사이가 아니라고 해도, 당신은 이 사람과도 결합되어

있음을 깨달아야 한다. 그와 어떤 공통점을 공유하고 있는지 분명하게 인지해 보자. 당신과 그는 모두 행복할 수도 있고, 어쩌면 같은 도시에 살 수도 있으며, 나이가 거의 같거나 유머 감각이 비슷하거나 삶에 대한 이상이나 바람이 비슷할 수도 있지 않을까?

,

이제 역겨운 사람을 생각해 보자. 당신과 가까운 사람일 수도 있고 당신을 기분 나쁘게 하거나 짜증 나게 하는 직장 상사일 수도 있다. 이런 사람들과도 당신은 어떤 공통점으로 결합되어 있다. 이런 사람과 공유하는 공통점을 찾아보자.

사람에 따라서는 결합된 느낌을 전혀 받지 못할 수도 있다. 자신의 자존심이나 개성, 유일한 특징을 강조하는 사람이라면, 다른 사람과 결합되었다는 느낌보다 분리되었다는 느낌이 더 강하기 때문이다. 하지만 어려운 상황에 대처하는 데 도움이 되는 것은 결합의 느낌이지 분리의 느낌이 아니다. 결합되었다고 느끼는 사람은 세상을 더 쉽게 살아갈 수 있다.

Chapter 09.

타인을 향한
돌봄

부드러움,
관대, 온정

몇 년 전에 나는 벌거벗은 바로크 시대의 천사상 그림이 담긴 엽서 한 장을 받았다. 온통 눈으로 뒤덮인 모습을 한 이 천사는 머리에도 눈을 뒤집어썼고, 맨발에도 하얗게 눈이 쌓여 있었다. 어쩌다가 이 엽서를 본 사람은 누구나 가볍게 얼굴을 찌푸리며 "아이고, 불쌍하기도 해라, 뭐라도 입혀주지"라고 말한다.

우리가 다른 사람을 돕고 싶은 마음이 강할 때는, 비록 그 대상이 석상이라고 해도 해도 추위에 떠는 모습을 보면 자신의 옷이라도 벗어주고 싶은 마음이 생긴다. 막 유아기를 벗어난 어린이도 가능하면 타인에게 도움을 베풀려고 한다. 서툰 성인이 제대로 블록 쌓기를 하지 못하면 두 살을 넘은 아이가 즉시 올바른 자리에 블록을 놓아 도와주는 모습을 볼 수 있다.

사람은 어릴 때부터 타인에게 공감하면서 사회적으로 행동한다. 이 부분에 대한 연구를 보면, 인간은 이기주의자로 진화해 왔다. 그보다 과거의 연구에 따르면, 이기주의자가 생존하기에 유리했기 때문이다. 인간은 생존 보장을 위해, 자기 유전자를 널리 퍼트리기 위해 자신의 장점을 크게 의식하는 존재로 진화했다.

하지만 우리는 언제부턴가 이런 이론에 의문을 품게 되었고 인위적인 상황으로 실험하는 대신 수만 년 전 인간의 생존 조건을 밝히는 연구를 시도했다. 이기주의자는 결과적으로는 불리한 상황에 빠지는 것으로 드러났다. 이기적으로 생존을 위해 싸우는 21세기의 개별적 존재는 5만 년 전에 결코 살아남지 못했을 것이다. 그 당시 인간은 여럿이 공동으로 큰 동물을 사냥하고, 적으로부터 보호받기 위해 반드시 타인의 도움이 필요했다. 수만 년 동안 인간은 다른 사람과의 협동에 고도로 의존해 왔다.

어느 문화권에서는 오늘날도 마찬가지로 다른 사람과의 협동에 의존해야 한다. 연금보험에 들지 못한 사람은 노년의 생계를 위해 자녀에게 의지한다. 집에 뭔가 고장이 났는데도 기술자를 부를 형편이 안 되는 사람은 이웃과 좋은 관계를 유지해야 한다. 자신의 장점만을 보는 사람은 순식간에 외톨이가 될 수밖에 없다. 사람들은 모두 사회적으로, 사람들과 어울리고 있기 때문이다.

다시 벌거벗은 모습으로 추위에 떠는 천사상으로 돌아가 보자. 공감이란 다른 사람의 감정을 느낄 수 있는 상태, 즉 타인의 고통을 같이 아파하는 것을 의미한다. 자신이 벌거벗은 상태로 추위에 떨고 있는 입장이 되어서 그 느낌이 어떨지 상상해 보는 것이다.

또 상대의 고통이 경감되기를 바라는 소망과 결합된 감정도 느낀다. 그래서 천사상에 뭔가 따뜻한 옷을 입히고 싶다는 충동을 느낀다. 따라서 친절과 공감은 상대의 마음속으로 들어가는 능력과 동시에 상대의 고통이 경감되기를 바라는 사랑과 보호의 동기부여를 내포한다.

이때 사람들은 부드러움과 관대, 온정이라는 세 가지 느낌을 경험한다. 때로는 기분이 경쾌하고 몸 안에서 뭔가 흐르는 느낌이 들기도 한다. 이런 느낌은 다른 사람과 공감할 때, 그리고 그 사람의 고통을 경감시켜줄 수 있을 때 찾아온다.

우리가 다른 사람의 일에 대해서 함께 기뻐하거나 고마움을 경험할 때도 신체적으로 유사한 느낌이 생긴다.

이 걱정과 보호에 대한 관심 없이 단순하게 다른 사람의 입장이 되어보는 것만으로는 이렇게 유쾌한 느낌이 찾아오지 않는다. 상대가 우리와 가깝고 유대감을 느낄 수 있는 사람일 때는 공감하기가 더 쉽다. 특히 동정심이 공감하기 어려운 경우는, 상대가 낯설고 다른 인간으로 경험될 때다.

"내가 잘되기를 바란다면, 지금 나는 무엇을 해야 할까?"

나쁜 마음
다스리기

사람은 자기 자신보다는 다른 사람에게 공감하기 쉽다. 하지만 이 말은, 인간이 주변 상황에 늘 귀를 기울이며 따뜻한 마음을 품는다는 뜻은 절대 아니다. 사실, 우리는 그와 반대로 증오와 분노, 시기, 복수심 등, '나쁜' 것으로 분류되는 감정을 느끼는 경우가 많다.

사실 우리는 이런 감정이 개인적인 것이 아니라는 것을 알고 있다. 그런 것은 결코 개인적 감정이라고 할 수 없다. 불안, 분노, 수치는 모든 인간이 아는 느낌이기 때문이다. 하지만 알면서도 우리는 이런 감정을 자신과 동일시하는 경향이 아주 강하다.

반면, 시기나 질투처럼 이른바 다루기 힘든 감정이 문제가 될 때, 우리는 이런 감정을 잘 안다는 것을 절대 인정하려고 하지 않는다. 우리가 내면에 가진 이상적인 모습과는 다르기 때문이다. 개인적으로 품고 있는 이상적인 나의 모습은 시기나 질투를 하는 사람이 아니다. 어릴 때부터 이런 감정은 바람직하지 않다고 학습했기 때문이다. 그 결과 우리는 다른 사람들과 이런 감정에 대한 말을 하지 않으며, 그런 느낌들이 정상적인 인간의 경험에 속하거나 모든 사람에게 친숙한 것이라고 생각하지도 않는다.

혹시 당신도 아무도 알아서는 안 되는 감정을 느끼거나 비밀스러운 생각을 하고 있는가?

,

이런 감정 역시 당신의 감정일 뿐만 아니라 다른 사람들도 똑같이 알고 있는 감정임을 명심하자. 이런 감정들에 대해 부끄러워할 필요는 전혀 없다.

나는 명상 세미나를 하면서 질투, 복수, 남의 불행을 기뻐하는 마음 같은 감정이 아주 부정적인 평가를 받는다는 사실을 완전히 체감했다. 이런 감정은 어쩌다 나타나도 재빨리 사라지게 하는 것이 최선이라는 것도 여러 번 경험했다. 하지만 실제로는 그렇게 간단하지가 않다. 사람은 원치 않는 감정이 생길 때, 그것을 무시하려고 하면서 동시에 드러내지 않으려고 노력한다. 때로는 원치 않는 감정을 마침내 극복했다는 생각을 할 수도 있을 것이다. 하지만 실제로는 그 감정을 단순히 밀어냈을 뿐이다. 그리고 감정을 이렇게 밀어내면 활기가 없는 에너지나 인위적으로 친절한 에너지가 만들어진다.

원치 않는 감정을 이미 오래전에 넘어선 것처럼 자신을 속이는 방법은 얼마든지 있다. 내 의뢰인 한 명은 어느 날 자신의 경험을 털어놓았다. 이 사람은 시기와 질투, 과민성 같은 감정은 끔찍한 것으로 여기는 환경에서 성장했다. 그는 부모가 다투는 모습을 전혀 보지 못했고, 집에서 거친 말이 오가는 일도 없었다. 그는 이런 감정이 생겨도 마치 존재하지 않는 것처럼 간주하려고 했다. 그 결과 그는 만나는 사람에게 뭐든 순응하든지 아니면 모든 인간관계를 피상적인 수준에서만 생각하게 되었다.

이 사람은 특히 본인이 다른 사람들과 가까이 지낼 때면 못된 감정이 생긴다는 것을 확인했다. 그는 괴로워하다가 상담을 받으러 왔는데, 자신의 어린 시절 아버지가 오랫동안 외도를 하며 두 집 살림을 했다는 사실을 아버지가 세상을 떠나기 직전에 알고 충격을 받았기 때문이다. 아름다운 허상은 깨졌고, 본인에게 거의 신성한 존재였던 아버지에 대한 환상 역시 산산조각이 났다.

그는 처음에 이상을 상실한 것 때문에 슬픔에 빠졌다. 하지만 시간이 조금 지나자 마음이 가벼워지는 것을 경험했다. 이제 그는 더 이상 완벽하지 않아도 되었기 때문이다. 마침내 이 사람은 좀 더 깊은 인간관계를 위해 자신을 개방했고 본인의 어두운 측면도 볼 수 있게 되었다.

안타깝게도 이런 현상은 다른 사람 앞에서 원치 않는 감정을 억누를 때도 나타난다. 한 실험에서 중독 치료 시설 직원들을 대상으로 환자에 대한 부정적인 생각에 대해 설문조사를 했다. 실험을 시작하면서, 전문 인력인 이들이 부정적인 생각을 가져서는 안 되며 환자 앞에서 수용적인 태도를 갖추도록 노력해야 한다는 말을 들려주었다. 그리고 조금 있다가 다시 환자 앞에서 부정적인 생각을 하는 것이 얼마나 중대한 문제인지 알려주었을 때, 부정적인 생각은 오히려 늘어났다. 별로 친절하지 않은 태도를 바꾸려는 노력에 대한 비판적인 피드백이 직원들을 한층 부정적인 태도로 만든 것이다.

우리가 누군가를 좋아하지 않을 때, 그를 좋아하는 것처럼 꾸미는 행위는 별 도움이 안 된다. 우리는 어떤 이유에서든 그 상대에게 긍정적인 태도를 취할 수 없다는 것을 먼저 인정해야 한다.

우리는 누구나 시기나 남의 불행을 기뻐하는 마음을 느낀 적이 있다. 이런 감정 역시 기쁨, 호기심, 불안, 슬픔의 감각과 마찬가지로 인간적인 느낌에 속하기 때문이다.

자기 돌봄은 이런 느낌도 우리에게 속하고 그것에 대해 수치스러워하거나 자기 비난을 할 이유가 없다는 것을 인정한다는 것을 의미한다. 이 단계가 지난 다음에야 우리는 점점 더 공감을 키워가면서 상대에게 우리 자신을 개방하는 다음 단계에 이를 수 있다.

타인을 향한
친절함 키우기

우리는 다양한 방법으로 공감 능력을 가꾸고 키워나갈 수 있다. 연구 결과는 무엇보다 불안과 스트레스가 감정이입과 공감을 힘들게 만든다는 것을 보여준다. 인체의 불안 시스템이 활성화되면 다른 사람에 대한 감정이입을 하기 힘들어진다.

어느 연구에서는 실험 참가자들에게 상대를 동반하도록 했다. 그 연구에서는 동반자가 친구일 경우에는 상대의 고통스러운 경험에 대한 공감이 동반자가 낯선 사람일 때보다 훨씬 강렬하다는 결과를 얻었다.

왜 낯선 사람보다 친구에게 더 공감할 수 있을까? 연구진은 낯선 사람 앞에서 스트레스가 발생할 수 있다고 생각해서 동반자에게 스트레스 강하제를 주었다. 그러자 이들은 낯선 사람들 앞에서도 친구들과 있을 때와 비슷한 수치의 공감의 반응을 보였다.

우리 역시 완전히 낯선 상대에게는 공감하기가 더 어렵다. 공감을 잘하려면 의식적으로 상대에게 접근해서 우리 자신과 비슷한 상대라고 인지하는 것이 큰 도움이 된다. 연구 결과를 보면 이런 사실은 놀라운 방식으로 입증된다. 실험 참가자들이 지금까지 낯설다고 생각했던 사람들과 자신의 공통점을 발견한 후에는 공감 능력이 눈에 띄게 증가한 것이다. 인도적인 정신의 결합은 공감 능력을 촉진하는 데 아주 중요한 마음가짐이다.

우리가 우리 자신을 향해 마음속으로 친절하게 대하고 공감하는 것처럼, 다른 사람들에게도 동일하게 대할 수 있다. 당신이 아주 긍정적으로 생각하는, 사랑과 호감으로 만나고 싶은 사람 또는 존재를 떠올려 보자. 그리고 이제 마음속으로 다음과 같은 말을 해 보자.

각각의 문장을 입으로 말한 다음 잠시 눈을 감고 마음속에서 어떤 느낌이 생기는지 인지해 보자.

불교 자비 명상의 문장

- 네가 평화롭게 살기를.

   (잠시 멈추고 눈을 감는다.)

- 네가 행복하기를.

   (잠시 멈추고 눈을 감는다.)

- 네가 안정되기를.

   (잠시 멈추고 눈을 감는다.)

이 훈련은 불교의 '자비 명상'의 일부로, 불교에서는 몇 개월이라는 장기간에 걸쳐 매일 행하는 훈련이다. 다른 사람을 친절하게 대하고 공감하는 데 도움이 된다. 혹시 당신도 위의 문장을 보면서 자비로운 느낌과 상대에 대한 유대감이 강화된다는 것을, 또 상대와 당신도 더 가깝고 열린 마음으로 연결되는 것을 느꼈는가?

공감 능력은 훈련을 통해 기를 수 있다. 우리는 공감 능력의 근육을 기르고 튼튼하게 만들 수 있다. 공감 능력의 근육 역시 신체의 근육과 비슷한 기능을 한다. 단련을 할수록 이 근육은 단단해지고 경쟁력이 강화된다. 훈련을 게을리하는 순간, 즉시 힘이 빠진다는 점도 신체의 근육과 동일하다.

공감에 대한 후속 연구는 공감 훈련이 우리의 감정이입 능력을 촉진하고 남을 도우려는 태도에 힘을 불어넣는다는 것을 보여준다.[5]

진정으로
위로하기

살아가다 보면, 사랑하는 사람이 고통스러운 일을 당하는 것을 함께 겪어야 할 때가 종종 있다. 우리는 다른 사람의 고통을 접하면 기꺼이 돕고 싶어 한다. 가장 친한 친구 부부가 파경을 겪는 일, 친구의 어머니가 암에 걸리는 일, 친구가 유산하는 일은 얼마든지 일어날 수 있다.

이보다 덜 충격적인 사건도 당신의 주변 사람들을 얼마든 한계상황으로 내몰 수 있다. 우정이 깨지거나 이웃과 다툼이 발생하거나 직장에서 고압적인 상사나 불친절한 동료와 부딪치는 사람이 생길 수도 있다.

이런 상황에서 우리는 상대를 돕고 지원해 줄 수 있는 능력을 원한다. 이런 도움은 구체적으로 어떤 모습이면 좋을까? 우리는 어떻게 그 사람에게 어떻게 공감하고 대하고 어떻게 하면 그 사람을 지원할 수 있는가?

우리는 때로 타인의 고통스러운 경험을 함께 짊어지지는 못하고 그저 그가 다시 좋아지기를 바라기만 할 때가 있다.[6] 무엇보다 상대의 불쾌한 느낌을 되도록 신속하게 사라지게 해주고 싶지만 딱히 도울 방법이 없을 때, 우리는 위로를 한다. 위로는 상대의 기분을 풀어주기 위한 시도다.

이때 기분을 풀어준다는 것이 상대에게 도움이 되지 못하고 최악의 경우 상대의 기분을 상하게 해 더 해롭게 만들 수도 있다는 것을 우리는 잘 모른다. 실제로 우리가 바라는 것은 상대의 고통스러운 느낌이 가능하면 신속하게 멈추는 것이다. 특히 다음과 같은 태도는 별로 상대에게 도움이 되지 않는다.

상대에게 도움이 되지 않는 위로의 예시

- 상대에게 속담을 들려준다. ⇨ "세월이 약이야.", "고진감래."
- 상대에게 긍정적으로 생각해야 한다고 말해주거나 현실을 이겨내도록 격려한다. ⇨ "다른 일을 생각해.", "그만 놓아줘야 해.", "이제 다 지나간 일이야.", "결국 좋은 일이 될지도 모르잖아?"

- 상대에게 충고를 한다. ⇨ "이런 일을 해야 해.", "이렇게 할지, 저렇게 할지 생각해 봤어?"
- 상대의 난관을 해결할 방안을 즉시 찾아보고 적극적으로 상황을 타개하기 위해 노력하도록 요구한다.
- 자신의 고통으로 상대의 고통을 제압한다. ⇨ "나도 그것 때문에 숱하게 고생했어! 내가 어떻게 시달렸냐면….."
- 격려의 말로 상대의 감정을 누그러트린다. ⇨ "이미 엎질러진 물이야.", "그나마 이 정도라서 다행이야.", "힘내!", "용기를 잃지 마!", "금방 좋아질 거야.", "보기보단 별거 아니야.", "너는 이겨낼 거야!"
- 고통에서 관심을 돌리도록 유도한다. ⇨ "취하도록 마셔볼까?", "오늘 밤을 멋지게 보내보자고!", "초콜릿 먹을래?"
- 상대의 고통을 대수롭지 않게 말한다. ⇨ "나중에 이 생각하며 웃을 날이 올 거야!", "1년만 지나면 싹 잊을 거야."
- 상대에게 상황에 대한 책임을 떠넘긴다. ⇨ "네가 자초한 일이잖아."

혹시 전에 당신이 감정상 견디기 힘든 상황에 놓였을 때, 주변에서 어떤 반응을 보였는지 기억하는가? 혹시 위와 같은 태도를 보였다면, 느낌이 어땠는가?

혹시 당신이 위와 비슷한 태도를 보인 적은 없는가?

,

순수한 후원은 어떤 것일까? 나는 세미나에서 수백 명의 참석자를 대상으로 어려운 상황에 빠졌을 때, 그들이 주변 사람들에게 무엇을 원하는지 설문조사를 했다. 응답자는 대부분, 어려운 상황에서 그들이 무엇을 실제의 도움으로 경험하는지, 그리고 무엇을 위안으로 느끼는지 분명하게 대답했다.

반복해서 만장일치로 나온 답변은, 그냥 곁에서 말을 들어주는 사람, 조언해 주지는 않아도 필요할 때 분명한 도움을 주는 사람이라는 것이다. 다음은 조력 효과가 분명하게 입증된 행동과 공감의 말이다.

순수한 공감의 예시

- 상대를 안아주거나 살짝 손을 잡거나 어깨에 팔을 올린 채 끌어당긴다.
- 상대의 고통에 공감을 표한다. ⇨ "정말 끔찍한 일이구나.", "네

가 당한 일이 상상이 안 된다.", "네가 얼마나 힘든지 알 것 같아."

- 상대가 우는 동안 아무 말 없이 옆에 앉아 있는다.

- 도움의 마음을 내비친다. ⇨ "내가 뭐 도울 일이 없을까?"

- 상대의 기분이 어떤지 물어보고 시간을 갖고 들어준다.

- 상대에게 자신의 반응을 전달한다. ⇨ "정말 유감이야.", "나도 너무 화가 난다.", "내가 이렇게 무기력할 수가! 뭐라도 할 수 있으면 좋겠는데.", "정말 뭐라고 말해야 좋을지 모르겠어."

- 상대의 고통이 비집고 들어갈 공간을 마련해 준다. ⇨ "그에 대한 얘기를 하고 싶어?", "울고 나니 좀 나아져?", "아무 말도 하지 마. 내가 할 수 있는 것은 네 옆에 앉아 있는 것뿐이야."[7]

당신도 이 장을 읽으면서 큰 도움으로 체험되는 반응과 좌절로 체험되는 반응 사이에 큰 차이가 있다는 것을 분명히 알았을 것이다. 순수한 공감은 상대가 붙잡고 씨름하는 모든 문제에 대해서 아파할 공간을 상대에게 허용하는 것이다. 그에게 무슨 일이 닥쳤는지 말할 기회를 주고 그의 생각을 들어보자. 그런 다음 상대의 느낌을 공유할 자세를 갖추는 것이다.

여기서 느낌을 공유한다는 것은 상대의 고통스러운 느낌을 당장 변화시키려 하지 않는다는 뜻이다. 상대와 함께 그 고통이 그 자리에 머물도록 허용하면서 그 아픔을 공유하는 태도다. 이런 상황에서는, 자기 자신을 비우는 것이 큰 도움이 될 때가 있다. 말하자면 자신이 말하고 싶은 생각이나 문제를 뒤로 물리고, 상대에게 숨 쉴 공간을 마련해 주어야 한다.

물잔이 가득 차 있으면 더 이상 들어갈 공간이 없다. 하지만 당신이 잔을 비우면 다시 채울 수 있다. 실제로 당신을 상대의 마음으로 채우기 위해 공간을 마련해주는 빈 용기라고 생각하면 된다. 그러면 상대는 당신이 자신의 말을 진지하게 들어준다는 느낌을 받을 것이다. 이런 형태의 배려를 통해 치유 효과가 발생할 수 있다. 상대방은 마음껏 감정을 발산할 수 있으며, 어쩌면 두 사람이 함께 울 수도 있을 것이다.

이런 방법이 상대방에게 큰 도움이 될 가능성이 있다. 상대는 고통 속에서도 더 이상 혼자가 아니라고 느낀다. 우리가 함께 웃듯이, 함께 울 수도 있는 것이다. 모든 감정은 함께 나눌 수 있는 것이며 이때 서로 결합했다는 느낌을 받는다.

공감과 자기 돌봄은 늘 나란히 움직이며 서로 돕는 관계다. 우리가 자신의 고통스러운 감정과 마주칠 능력이 생기는 순간, 우리는 다른 인간의 감정도 더 쉽게 나눌 수 있는 것이다.

"내가 잘되기를 바란다면, 지금 나는 무엇을 해야 할까?"

삶을 긍정하라
알리지아 데너의 보고서[8]

자기 돌봄이라는 개념을 알기 전의 나는 자기 비난을 일상적으로 하며 살았다. 당시의 내가 볼 때, 나는 제대로 하는 것이 하나도 없었다. 마트에서 누가 나와 부딪치는 바람에 유리병이 바닥에 떨어져서 산산조각이 나면, 나는 그것을 내 책임으로 돌렸다. 내가 상대방의 길을 가로막았다고 생각했기 때문이다. 나는 길을 막았다고 자책하는 동시에 마트 직원에게 일거리를 안겨준 것을 생각하며 다시 나를 비난했다. 지금의 나라면, 그런 상황이 벌어져도 단순하게 재수 없는 일로 치부하고 그냥 넘겼을 것이다.

늘 내가 모든 일을 망칠 수도 있다고 생각했고 최악의 경우에 무슨 일이 일어날지를 늘 머릿속으로 상상했다. 나는 큰 파티에 초대받아도 절대로 참석하지 않았다. 어차피 아무도 나에게 말을 걸지 않을 것이라고 생각했기 때문이다. 나에게는 말을 재미있게 하는 재주가 없었다. 서로 친근하게 대화하는 많은 사람 사이에서 어색하게 서 있는 나를 모두가 경멸의 시선으로 쳐다보는 모습이 생생했다.

이런 선명한 그림은 오로지 내 머릿속에 있는 것이었지만, 당시의 나에게는 너무도 실감이 났기에, 나는 실제로 파티가 그렇게 진행될 것이라고 믿었다.

지금 생각하면 얼마나 한심한가!

비판의 목소리가 마음을 완전히 지배했기 때문에, 내가 순수한 내면의 욕구를 자발적으로 따를 기회는 드물었다. 그 목소리가 그려내는 재앙의 시나리오가 나를 너무도 불안하게 만들었기에, 나는 마음이 얼어붙어 거의 아무것도 할 수 없었다. 누군가에게 만나자고 먼저 제안하는 쉬운 일도 나에게는 큰 도전이었다. 내가 만나자고 제안하는 순간, 상대방이 단호하게 거절할 것이라는 예측의 목소리가 바로 이어졌다.

또 나는 누구도 공감하지 않을 것이라고 생각했기 때문에 다른 사람들에게 속마음을 절대 드러내지 않았다. 다른 사람의 인생은 완전히 정상이고 멋지게 보였다. 그들에게도 이런 저런 어려움이 있겠지만, 아마 직장 상사와의 사소한 마찰, 사랑의 배신 정도일 것이라고 짐작했다. 그들은 늘 삶에 만족하는 것처럼 보였고, 노련하고 경쟁력을 갖췄으며 문제해결 능력이 있는 것처럼 보였다.

반대로 내 인생은 문제투성이 같았다. 나는 어디를 가도 환대받지 못하고 실망만 안겨줄 것 같았다. 나는 문제를 고치기 위해 어디서부터 손을 대야 할지 몰랐다. 친구를 찾는 일에 집중해야 할까? 전문가에게 상담을 받을까? 집이나 살고 있는 도시를 바꿔야 할까? 생각이 끝없이 꼬리를 물고 이어졌다. 그럴듯한 해결책을 한 가지 찾으면 그것이 통하지 않을 이유가 20가지는 떠올랐다.

이런 시각은 나를 고립시키고 한층 더 외롭게 만들었고, 세상을 이해할 수 없다는 느낌을 가져다주었다. 내가 수렁 속에서 얼마나 심하게 뒹굴고 있는지 당시의 나는 전혀 깨닫지 못했다.

내가 처음으로 자기 돌봄이라는 주제를 접한 것은 어떤 책을 통해서였다. 나는 독서를 무척 좋아하는데도 불구하고 그 책을 읽는 것이 무척이나 힘들었다. 자기 돌봄이라는 주제는 내 마음속에 강한 반발심을 불렀다. 내가 나를 위한 친절함과 공감 능력을 키운다는 것이 도대체 상상조차 되지 않았기 때문이다.

어떻게 이런 일을 모두 나 혼자 해낸단 말인가? 다른 사람이 나에게 친절한 것은 좋았지만, 나 자신을 사랑스럽게 대한다는 것은, 말만 들어도 속이 오글거리는 일이었다. 어떻게 자기 자신에게 친절해지지? 도무지 알 수 없었다. 그런 방법을 갑자기 어떻게 익힌단 말인가?

문제는 내가 수십 년 전부터 자기 비난에 익숙해져 있다는 것이었다. 당시의 나는 다른 사람이나 동물에게 친절할 수 있었지만, 나 자신을 좋아할 수는 없었다.

또한 나는 자기 돌봄과 관련된 이 모든 것이 혹시 나에게 고통을 가져올 것을 걱정했다. 내 안에 축적된 온갖 감각이 표면으로 나타나면 어떡하지? 그럼 그 고통들을 느낄 수밖에 없을 것이다. 나에게 그것을 감당할 힘이 있을까? 내가 실제로 그런 것을 원할까? 그 고통을 느끼느니 차라리 그대로 살고 싶었다.

그럼에도 불구하고 나는 적어도 한두 페이지씩은 틈틈이 책을 읽어보기로 결심했다. 그래서 그 책을 읽는 데는 수개월이 걸렸다. 자기 돌봄이라는 주제를 아주 높게 평가하면서도, 부분적으로 한 조각씩 받아들이고 소화하는 것이 고작이었다. 책을 읽으면서 명상 강좌를 들었는데, 명상은 책을 읽는 것보다 쉬웠다. 명상을 할 때면 신체감각이 선명해졌다. 그래서 나 자신의 신체감각과 어느 정도 교류를 할 수가 있었다.

나는 사람의 감각이 얼마나 많은지 알게 되면서 깜짝 놀랐다. 내 신체를 인지하는 것은 느낌을 인지하는 것보다 훨씬 쉬웠다. 나는 느낌을 평가하고 그것을 긍정적 혹은 부정적으로 분류하고 단정했다. 반면 명상을 통해서 신체감각은 더 중립적으로 인지할 수 있었다.

나는 규칙적으로 명상을 하다가 곧 별도의 지도를 받지 않는 자유 명상의 단계로 넘어갔다. 자유 명상은, 내 마음속에 있는 감정이나 생각 같은 것을 인지하기만 한다는 뜻이다. 이때 나는 내가 경험한 것을 조종하려고 하지 않고 있는 그대로 내버려둘 수 있었다. 나는 저절로 아주 자연스럽게 그 단계에 접어들 수 있었다.

이때 내가 하루를 잘 지냈는지, 못 지냈는지는 아무 상관이 없었다. 나는 내 마음속에 천국과 지옥의 상태가 동시에 존재한다는 것을 깨달았다. 나는 명상을 통해서 내가 사랑스

러울 수도, 혐오스러울 수도 있다는 것을 알게 되었다. 내 속
에는 모든 인간적인 감정이 있었다.

힘든 상황에 처했을 때, 자기 돌봄을 잘 해내는 사람은
나 같은 상황에서 어떤 반응을 보일지, 하루에도 여러 번 의
문이 들었다. 불교 법회의 강의를 여러 개 듣고, 스마트폰의
알람을 여러 차례 맞췄다. 알람이 울리면, 나는 즉시 하던 일
을 멈추고 그 시점에 내가 처한 상황을 인식해 보았다. 그러
면서 스스로에게 친절한 사람은 어떻게 반응할지 머릿속에서
그림을 그렸다.

나는 생각 속에서 나를 지치게 했다. 마음속 비평가의 목
소리가 너무 컸기 때문이다. 한 번은 자신의 대인관계 문제를
토로하는 친구의 전화를 받을 때 알람이 울린 적이 있다. 내
가 지루함을 느끼며 친구에게 조금 신경질적인 반응을 보인
다음, 그런 나 자신을 비난하고 있을 때였다. 알람이 울리자,
나는 그런 반응 대신 친구의 상황에 공감 능력을 발휘하는
내 모습을 상상했다. 차츰 내 마음은 나 자신과 다른 사람을
향해 열리기 시작했다.

처음에는 훈련을 하기가 어려웠다. 전혀 공감할 수 없는

상황에 알람이 울리기도 했다. 그러면 나는 나의 동기부여가 얼마나 강렬했는지를 기억하려고 했다.

시간이 흐르면서 나는 내 자신에게 작은 변화가 일어나는 것을 깨닫기 시작했다. 나는 무엇이 잘못되든 무조건 내 탓을 하는 습관과 나 자신과 타인들을 평가 절하하는 경향이 있었다. 그러던 어느 날 컵을 깨트렸을 때, 갑자기 비난의 목소리가 들리지 않는 다는 것을 알아차렸다. 대신 슬픈 기분이 느껴졌다. 내가 아끼던 컵이었기 때문이다.

이후로 나는 커다란 짐을 벗은 것 같은 느낌이 들었다. 내가 볼 때, 감정을 일단 느껴보면 아무 문제도 일어나지 않았다. 나는 감정이라는 것은 언젠가는 약화되다가 완전히 사라진다는 것을 알았다. 물론 나도 이런 사실을 잊을 때가 여전히 많다. 나는 내가 감정으로부터 도망치려고 할 때면, 이런 사실을 다시 떠올린다.

살면서 나에게 일어나는 일에 대하여 내게는 아무런 통제력이 없다는 사실을 갈수록 분명히 깨달았다. 나는 평생 나에 대해 너무 엄격했고 다른 누구보다 나 자신을 나쁜 사람으로 간주했다. 나를 불쌍히 여기는 동시에 비난했다. 그러다 어느 순간 다른 사람들도 자기 비난을 하고 타인을 이상화한다는 것을 알게 되었다. 왜 그때까지 그 사실에 주목하지 못했을까?

내 마음가짐은 근본적으로 변했다. "왜 나에게만 이런 일이 벌어질까?"라는 피해의식은 차츰 사라지게 되었다. 어느 날, 버스정류장에서 버스를 기다리다가 가방을 열고 뭔가를 꺼내려고 했다. 그 순간 비둘기가 흘린 한 무더기의 똥이 정확히 가방 안으로 들어갔다. 가방 안의 책이며 휴대전화가 엉망이 되었다. 전 같으면, "하필 나에게만…"이라고 생각할 법한 전형적인 사건이었다. 나는 비둘기와 나를 비난했을 것이다. 하지만 나는 웃어넘기면서 가방 안의 물건을 꺼내서 닦았다. 이때 나는 '내 주변에 전혀 적이 없다면 어떻게 될까?'라는 생각을 했다.

나 자신과 다른 사람들, 세상에 대한 부정적인 생각이 줄어들자, 내 시야가 달라졌다. 나는 다른 사람들도 자신의 사고에 사로잡혀 있다는 것을 볼 수 있었다. 이런 인식은 내가 다른 사람들에게 더 많은 공감을 하는 결과를 낳았다. 나는 다른 사람들도 고통을 겪었고 현재도 괴로워한다는 것을 알 수 있었다. 덕분에 종종 나와 다투던 사람들에게 갑자기 잘 대할 수 있게 되었다. 그들을 보는 내 시각이 극적으로 변해서 나에게 상처를 준 사람들과도 잘 지낼 수 있었던 것이다.

나 자신 외에는 이제 그 누구도 나에게 상처를 줄 수 없다. 불교 명상 강사인 아얀 브람Ajahn Brahm이 들려준 놀라운 이야기가 있다. 누군가가 나를 바보라고 불렀을 때, 30분간 다른 사람이 나를 바보라고 부른 사실에 집착하며 '왜 그가 나를 바보라고 부를까? 내가 정말 바보인가?'라는 생각을 하면, 나는 바보라는 말에 사로잡히고 계속 바보의 모습을 떠올릴 것이다. 내가 바보라는 호칭에 아무런 상처를 받지 않는다면, 나는 그 상황을 생각에서 잘라내고 잊어버릴 것이며, 더 이상 생각할 필요가 없어진다.

나에 대한 다른 사람의 생각과 판단이 나와 무슨 상관이란 말인가? 나는 상대가 나에 대해 생각하는 것에 대하여 어떤 통제권도 행사할 수 없다. 또 그럴 생각도 없다. 시간이 가면서 다른 사람이 어떤 생각을 하고 어떻게 행동하는지는 중요하지 않다는 것을 분명하게 깨달았다.

누군가 나를 비난하면 나는 그 말이 얼마나 진실한지 잠깐 생각한다. 그 말이 맞다면 사과하고, 그렇지 않다면 그 말을 가슴에 담아둘 필요가 없다.

요즘은 어떤 고통을 느끼면, 그 고통을 마음에 기록한다. 고통은 고통일 뿐 그 이상은 아니다. 따라서 '나는 고통에서 자유로워야 한다, 나에게 고통이 있어서는 안 된다'라는 생각으로 그 고통에 맞서 싸우지 않는다.

"집 청소를 해야 하는데", "내일은 채소를 더 먹어야 해", "운동량을 늘려야 해", "항상 이렇게 성급해서는 안 돼", "그 사람은 내 말에 귀를 기울여야 해" 등등, "해야 해"라는 심리적인 테러는 시간이 가면서 계속 줄어들었다. 나는 움직이라는 자극을 받으면 움직이고 채소를 먹고 싶은 욕구가 생기면 채소를 먹는다. 어느 날 채소를 먹지 않고 건강과 동떨어진 것을 먹으면, 그럴 수도 있는 것이다. 그렇다고 해서 계속 찜찜함을 가지고 살아갈 필요는 전혀 없다.

흥미롭게도 나는 요즘 전보다 더 건강하게 산다. 나는 금연을 했다. 정확하게는 "흡연이 중단되었다"라고 해야 한다. 내가 한 일은 아무것도 없기 때문이다. 담배를 끊어야 한다는 생각을 한 적은 없다. 어쩌면 이것이 흡연을 멈추게 한 비결인지도 모른다.

예전에 나는 종종 친구가 내 말에 전혀 귀를 기울이지 않는다고 생각하곤 했다. 그때마다 나는 크게 상처받았다. 내 말에 귀를 기울이지 않는 친구를 얼마나 비난했던가!

우리가 자기 돌봄을 잘할수록 다른 사람에 대한 공감 능력도 그만큼 향상된다. 나는 어느 날, 그 친구도 나와 똑같이 자기 말에 귀를 기울여줄 상대가 필요하다는 사실을 불현듯 깨달았다. 이것은 정말 놀라운 발견이었다. 요즘 나는 그 친구의 말에 귀를 기울일 수 있게 되었고 그 어느 때보다 그 친구와 강한 유대감을 느낀다.

나에게는 다른 사람이 나에 대해 생각하는 것에 대한 통제권이 없다. 마찬가지로 나는 삶이 나에게 예비한 것에 대한 통제권이 없다. 우리 인간은 스스로 자신의 삶을 설계할 수 있다고 생각한다. 그러다가 삶이 생각과 다르게 전개되면, 속았다고 느끼거나 부당한 대우를 받았다고 생각한다. 심지어 나는 내가 나쁜 인간이라서 나쁜 일이 벌어진다고 생각했었다.

요즘 나는 다른 사람에게 절대 의도적으로 상처를 주지 않지만 전에는 그렇지 않았다. 내가 더 선량한 사람이 되었기 때문이 절대 아니라, 내가 타인에게 상처를 주면 나 자신도 상처받는다는 것을 알게 되었기 때문이다. 내부의 목소리에 허우적거리며 나의 가치를 모르던 예전에는 이런 이치를 전혀 알지 못했다.

이 글을 읽으면, 나에게 일어난 내면의 변화가 순조로워 보일 수도 있다. 사실 최초의 변화는 훈련을 시작하고 한두 주 후에 바로 나타나지만, 한동안 진동 운동 같은 시기가 계속된다. 나는 수많은 도전 과제를 처리해야 했고, 지치고 힘들어서 제대로 몸을 가눌 수 없는 시기를 보냈다.

나의 자기 비난은 내 인생 전체를 규정할 만큼 강하게 각인되었다. 내가 나에 대해 품은, 그리고 내가 세계를 인지하는 데 반영된 끔찍한 목소리는 나와 인생을 갈라놓았다. 하지만 나는 적극적으로 노력했다. 자기 자신에 대해 솔직해진다는 것은 커다란 도전이었다.

요즘 나는 어떤 점에서, 살다보면 발생하는 어려움에 대하여 고마움을 느낀다. 그 어려운 일들이 현재의 나를 만들었고, 내가 있는 위치까지 나를 이끌어 왔기 때문이다. 나의 경우는 그랬다.

내가 자기 돌봄에 대한 책을 처음 읽은 지 거의 3년이 지났다. 당시의 나는 내면의 고통을 극복하려는 바람이 너무 간절했기에, 포기할 수가 없었다. 자기 돌봄의 태도는 아마 내 삶에서 가장 중요한 주제일 것이다. 자기 돌봄의 태도로 나 자신에게 친절하게 몰두하는 태도가 나를 내면의 여행으로 안내했다. 한 인간의 경험과 인지가 이렇게 큰 변화를 일으킬 수 있다는 것을 나는 전혀 몰랐다. 계속될 자기 돌봄이라는 여행이 어디로 나를 데려갈지 무척 궁금하다.

에필로그

남은 삶을 어떻게 보낼 것인가

이제 자기 자신과 좀 더 사이좋게 지내기 위해 시작한 짧은 여행을 끝낼 때가 되었다. 여기까지 잘 따라온 당신에게 감사의 인사를 전하고 싶다. 당신이 내면의 비판적인 목소리를 알게 되고 자신에게 좀 더 친절한 태도를 갖추게 되어 기쁘다. 자기를 돌보는 태도를 키우는 일에는 긴 시간이 필요하다. 이 책 한 권을 읽는 것만으로 완성할 수 없는 어려운 일이다. 당연하다. 평생이 걸린다고 말할 수도 있다. 그럼에도 당신이 이 길을 계속 걷고 싶다면, 지속할 수 있도록 크게 두 가지를 제안하고 싶다.

우선 일상에서 규칙적으로 실천할 수 있는 자기 돌봄 훈련을 선택하는 것이다. 예를 들어, 내가 이 책에서 제안한 세 가지 훈련 중 하나를 고를 수 있다. 지금 나에게 자기 돌봄이 어떤 의미인지 계속 묻는 습관, 중간중간 어떤 일로 내가 자신을 비난하는지, 안 하는지 확인하는 습관을 만들면 좋다. 힘들 때는 '자기 돌봄의 문장'을 말해 보는 것도 좋다. 가장 좋은 방법은 일상적으로 이런 연습에 집중하는 것이다.

두 번째로는 당신이 어떤 식으로든 계속 자기 돌봄에 몰두하기를 권하고 싶다. 이 주제와 관련된 자료를 읽고, 친구나 배우자와 이에 대한 대화를 자주 나누면 도움이 된다. 자기 돌봄 훈련에 집중하고, 집중력을 위한 명상 수행을 하는 것도 도움이 된다. 요가처럼 지도자가 있는 훈련도 좋고 앉아서 가만히 명상하는 방식도 추천하고 싶다.

자기 돌봄은 간단하게 단추를 눌러서 얻을 수 있는 것이 아니고, 내가 선택한다고 바로 해결되는 문제도 아니며, 한 걸음 한 걸음 다가갈 때만 도달할 수 있는 경지다. 실제로 외국어인 새로운 언어를 습득하는 과정과 비슷하다. 개인적으로는, 이 과정이 학교에서 가장 먼저 배우는 제1외국어가 아니라서 정말 안타깝다.

자기 돌봄을 연마하면 인생의 이치를 깨닫는 데도 큰 도움이 된다. 자기 돌봄에 익숙한 사람이 도전적인 상황에 직면했을 때는 저항력과 주관이 생기며, 일상에서 더 침착하고 만족스러운 상태를 경험하게 된다. 자기 돌봄을 발전시키기 위해서는 강력하고 지속적인 내면의 관심이 필요하다. 이 책은 변화된 상황에 대한 최초의 아이디어를 제공하지만, 그다음 단계는 당신의 마음속에서 이루어진다.

이 책을 읽다가 당신이 자신에게 비판적으로 대해왔다는 사실을 깨달으며, 감정(긍정적이거나 부정적인 모든 감정)과 직접 마주치는 것이 힘들다는 생각이 들면, 솔직하게 열린 마음으로, 아래의 물음에 답해보면 좋겠다.

"내 남은 삶을 이렇게 보내고 싶은가, 아니면 기꺼이 바꾸고 싶은가?"

당신의 진실한 마음은 이 질문에 어떻게 대답하는가?

주석

1   Benjamin Libet (1985), 《Unconscious cerebral initiative and the role
     of conscious will in voluntary action》, in: Behavioral and Brain Sci-
     ences 8, 529-539쪽.
     Thomas Metzinger (2009), Der Ego-Tunnel. Eine neue Philosophie
     des Selbst.
     Von der Hirnforschung zur Bewusstseinsethik, Berlin Verlag, Berlin
     참조.

2   Christopher Germer und Ronald Siegel (2014), Weisheit und Mit-
     gefühl in der Psychotherapie. Achtsame Wege zur Vertiefung der
     therapeutischen Praxis, Arbor Verlag, Freiburg 참조.

3   전체적인 개관에 대해서는 다음 문헌을 참조할 것. James J. Gross
     (2009), Handbook of Emotion Regulation, The Guilford Press. J.
     Binder 외(2012), 《Emotion suppression reduces hippocampal activity
     during successful memory encoding》, in: NeuroImage 63(1), 525-
     532쪽.

4   Uwe Herwig 외(2010), 《Self-related awareness and emotion regula-
     tion》, in: NeuroImage 50.2, 734-741쪽.

5   Loren J. Martin 외(2015), 《Reducing social stress elicits emotional contagion of pain in mouse and human strangers》, in: Current Biology 25(3), 326-332쪽.

6   전체적인 개관에 대해서는 다음 문헌을 참조할 것. Christopher Germer und Ronald Siegel(2014), Weisheit und Mitgefühl in der Psychotherapie. Achtsame Wege zur Vertiefung der therapeutischen Praxis, Arbor Verlag, Freiburg.

7   근거자료: Russ Harris (2013), Wer vor dem Schmerz flieht, wird von ihm eingeholt. Unterstützung in schwierigen Zeiten, Kösel Verlag, München.

8   알리지아 데너Alisia Denner(1975년생)는 문화학자로서 베를린에 거주하고 있다. 생애 대부분을 정신적인 어려움과 싸우면서 보낸 뒤, 데너는 자기 자신 및 상대에게 동정적으로 대하는 태도를 통해 정신적인 고통을 극복하는 길을 발견했다.

당신은 가치 있다
마음을 회복하는 자기 돌봄의 심리학

초판 1쇄 발행	2026년 3월 4일

지 은 이	안드레아스 크누프
옮 긴 이	박병화
책 임 편 집	양예주
콘텐츠 그룹	조혜영 양예주 전연교 김신우 정다솔 문혜진 기소미
디 자 인	R DESIGN 이보람

펴 낸 이	전승환
펴 낸 곳	책 읽어주는 남자
신 고 번 호	제2024-000099호
이 메 일	bookfarmers@thebookman.co.kr

ISBN 979-11-24038-29-1 (03180)